# SECRETOS PARA UNA
# *Vida Abundante*

### *Autores*

JACK HAYFORD
J. OSWALD SANDERS
ANDY STANLEY
RENÉ GONZÁLEZ
JOHN ORTBERG
BOB BUFORD
ROBERT JEFFRESS
TOMMY MOYA
ERWIN RAPHAEL MCMANUS

**Proyecto conjunto de:**

| | | |
|---|---|---|
| **Casa Creación** | **Editorial Portavoz** | **Editorial Patmos** |
| **Editorial Vida** | **Editorial Unilit** | |

Publicado por
**EXPOLIT**
Miami, Fl. 33172
Derechos reservados.

© 2006 EXPOLIT
Primera edición 2006

Ninguna parte de esta publicación podrá ser reproducida, procesada en algún sistema que la pueda reproducir, o transmitida en alguna forma o por algún medio electrónico, mecánico, fotocopia, cinta magnetofónica u otro, excepto para breves citas en reseñas, sin el permiso previo de los editores.

Diseño de la cubierta por: PIXELIUM

Diseño y tipografía interior: Robert William Otero

Citas bíblicas tomadas de la Santa Biblia, revisión 1960 © 1960 Sociedades Bíblicas Unidas en América Latina; la Santa Biblia, Nueva Versión Internacional © 1999 por la Sociedad Bíblica Internacional; La Biblia de las Américas © 1986 The Lockman Foundation; Dios Habla Hoy, la Biblia en Versión Popular. © 1966, 1970, 1979 por la Sociedad Bíblica Americana, Nueva York.
Usadas con permiso.

Producto 890002
ISBN 0-7899-1290-2
Impreso en los Estados Unidos de América
*Printed in the United States of America*

# Contenido

**Capítulo 1**
**Avance** . . . . . . . . . . . . . . . . . . . . . . . . 7
Por: *Erwin Raphael McManus*
 Tomado del libro: *Atrape su momento divino*
  Publicado por: *Editorial Unilit*
   *Avance (Capítulo 6)*

**Capítulo 2**
**Una vida planificada** . . . . . . . . . . . . . . . . 35
Por: *J. Oswald Sanders*
 Tomado del libro: *Descubra el plan de Dios para su vida*
  Publicado por: *Editorial Portavoz*
   *Descubra el plan de Dios para su vida (Capítulo 1)*

**Capítulo 3**
**Ese suave murmullo** . . . . . . . . . . . . . . . . . 55
Por: *Robert P. Buford*
 Tomado del libro: *Medio Tiempo*
  Publicado por: *Editorial Vida*
   *Ese suave murmullo (Capítulo 1)*

**Capítulo 4**
**Cómo vivir conforme a la nueva naturaleza** . . . . . . 65
Por: *Tommy Moya*
 Tomado del libro: *Destinados para las alturas*
  Publicado por: *Casa Creación*
   *Ese suave murmullo (Capítulo 1)*

**Capítulo 5**
**A puertas cerradas** . . . . . . . . . . . . . . . . . 87
Por: *Jack Hayford*
 Tomado del libro: *Anatomía de la seducción*
  Publicado por: *Editorial Unilit*
   *A puertas cerradas (Capítulo 4)*

## Capítulo 6
### ¿Cuáles son tus motivaciones? . . . . . . . . . . . . . 113
Por: *René González*

> Tomado del libro: *¡No Desmayes!*
> > Publicado por: *Editorial Vida*
> > > *¿Cuáles son tus motivaciones? (Capítulo 1)*

## Capítulo 7
### El arte del buen vivir . . . . . . . . . . . . . . . . . 125
Por: *Robert Jeffres*

> Tomado del libro: *Secretos de Salomón*
> > Publicado por: *Editorial Patmos*
> > > *¿Cuáles son tus motivaciones? (Introducción)*

## Capítulo 8
### La pendiente resbalosa . . . . . . . . . . . . . . . . 143
Por: *Andy Stanley*

> Tomado del libro: *La mejor de las preguntas*
> > Publicado por: *Editorial Unilit*
> > *La pendiente resbalosa (Capítulo 4)*

## Capítulo 9
### La muñeca de trapo más amada. . . . . . . . . . . . 153
Por: *John Ortberg*

> Tomado del libro: *Vivamos Divinamente*
> > Publicado por: *Editorial Vida*

## Capítulo 10
### Soltero, pero no solo . . . . . . . . . . . . . . . . . 161
Por: *J. Oswald Sanders*

> Tomado del libro: *Cómo enfrentar la soledad*
> > Publicado por: *Editorial Portavoz*
> *Soltero, pero no solo (Capítulo 1)*

# Introducción

Vivimos momentos difíciles en el mundo porque hemos olvidado las recomendaciones del Maestro.

La sociedad se debate dentro de sus propias injusticias porque ha querido llevar adelante su forma de pensar, pasando por alto que vive en un mundo que le pertenece al Creador, quien ha dictado las leyes correspondientes para vivir en paz, justicia y felicidad.

Obstinados en la propia sabiduría humana, los hombres insisten en querer encontrar en sus filosofías humanas, soluciones que nunca llegan y que por el contrario alejan al hombre de la verdadera vida que Dios ha dispuesto para el ser humano. ¿Cómo salimos de esta situación de incertidumbre y fracaso?

Si Dios es el creador de la vida, debemos ver qué es lo que Él ha planeado para cada ser humano. Dios no quiere fracasos, no quiere injusticias, no quiere abusos, no quiere corrupción. Dios ofrece paz, felicidad, armonía, amor, bienestar, pero para que ello sea posible el hombre debe abandonar su obstinado propósito de querer guiarse por su propio pensamiento.

No necesitamos ser demasiado instruidos para darnos cuenta que si queremos que el mundo restablezca la paz y la justicia, lo que nos lleva a ser felices, debemos recurrir a la Palabra de Dios, el reglamento para vivir de acuerdo al plan de Dios en este mundo, y obedecer sus mandamientos y ordenanzas.

Cuando Jesús estuvo desarrollando su ministerio en la tierra, dijo a quienes les seguían algo trascendente: «*Yo he venido para que tengan vida y la tengan en abundancia*». Juan 10:10b.

Esto va más allá de lo que podría ser una vida aceptable. Nos ofrece una vida **abundante,** es decir, más allá de lo que nosotros podríamos pretender. Vivir una vida abundante es gozar de una felicidad plena y eso solo se consigue cuando permitimos que Dios guíe todos los actos de nuestra vida.

Mientras escribo estas líneas viene a mi mente una estrofa de una canción muy popular en nuestras congregaciones:

«Vida **abundante** Jesús ofrece, vida **abundante** de día en día, Él es la fuente de vida eterna, Que brota siempre en mi corazón».

¿Has conseguido la **vida abundante**? ¿Es ella una realidad en tu vida? ¿Es ella una realidad en tu hogar? Sientes que las palabras del Maestro han impactado tu vida y te han dado una fuerza efectiva para vivir en la abundancia que Cristo ofrece?

La vida abundante que Cristo te ofrece va mucho más allá de lo que nosotros imaginamos. Sus bendiciones son mayores que nuestros más avanzados pensamientos. El apóstol Pablo lo expresa con claridad en su 2ª carta a los Corintios, cap. 9 v. 8 «*Y poderoso es Dios para hacer que abunde en vosotros toda gracia, a fin de que, teniendo siempre en todas las cosas todo lo suficiente, abundéis para toda buena obra*».

A través de las páginas de este libro, diversos autores te estarán dando lineamientos necesarios para alcanzar la **vida abundante**, o para perfeccionar tu actual **vida abundante**. Este es un esfuerzo de casas editoras, distribuidores y libreros, unidos en **SEPA**, la organización que los agrupa. Es nuestro ruego al Señor de que este esfuerzo unido pueda ser de bendición para tu vida y la de tu familia y amigos.

Deseamos que el Señor te guíe a través de la lectura de las páginas de este libro para que puedas alcanzar el gozo de todo cristiano: **La vida abundante.**

*Aldo Broda*
*Autor y conferencista.*

## CAPÍTULO 1

# Avance

SIGA ADELANTE A MENOS QUE LE DIGAN NO

«Perdón Señor, pero si Dios está con
nosotros, ¿por qué nos pasa todo esto?»
**Jueces 6:12-13**

ERWIN RAPHAEL
McMANUS
*Atrape su momento divino*
Editorial Unilit

> *No se pare en el centro si no quiere ser sacudido.*
> *Siempre hay peligro cuando llega el movimiento.*
> *Su fuerza es más poderosa debajo de la superficie,*
> *luego pasa a través del suelo más duro.*
> *El cambio épico se mueve desde adentro hacia afuera.*

—Ayden, *The Perils of Ayden*

Crecer en Miami significaba que parte de nuestra educación física era tomar lecciones de natación. Cuando uno está virtualmente rodeado por el agua, saber nadar es parte importante de la supervivencia. Cada semana pasábamos una hora en la piscina que estaba junto a la escuela, y allí, enfrentábamos dos desafíos. El trampolín alto y el bajo. Casi todos conquistaban el bajo. Era solo un salto corto. Pero el trampolín alto trazaba la línea que separaba a los niños de los hombres.

Durante semanas observé a los que saltaban desde allí. Todos salían sanos y salvos, y podía ver que se divertían. ¡Pero se veía tan alto! Mientras pienso en esa experiencia recuerdo que muchas niñas saltaban desde allí. La línea no separaba a los niños de los hombres, sino a los cobardes de los que tenían coraje. Yo nadaba, seguro, en medio de la categoría de los cobardes.

Un día, ya no lo soporté más. Tenía que experimentar aquello que tanto me aterraba. Me paré en la fila y la espera pareció durar una eternidad, hasta que llegué a la escalera que me llevaría arriba. Mientras mis manos tocaban el acero frío y mojado, comencé a subir. Sentía que mi corazón galopaba mientras me decía a mí mismo que lo lograría. Pasé la escalera y me paré sobre la peligrosa tabla blanca. Con cuidado, me acerqué al borde. Miré hacia abajo, y allí me di cuenta de que estaba mucho más alto de lo que me había parecido desde abajo. Todos decían: «¡Salta!». Y yo pensaba: *¡Salta!* Pero mis pies no se movían. Estaba paralizado.

Pensé en mi situación y decidí que solo podía hacer una cosa. Me di vuelta con mucho cuidado y caminé de regreso hacia la escalera. Quería bajar, pero había dos problemas. El primero, la multitud de niños que esperaban su turno. Había demasiados como para que pudiera abrirme paso. El segundo problema era la persona que estaba justamente detrás de mí: mi hermano mayor. Me miró y dijo: «No vas a salir por aquí». Claramente me decía que había una sola salida, y que no estaba hacia atrás, sino hacia adelante.

Mi ira hacia él por no dejarme volver fue el combustible que me dio el coraje para saltar. Inhalé profundamente, tragué mi corazón, y salté hacia mi muerte. Me alegra decir que sobreviví, y que en verdad, lo disfruté.

Recuerdo cuán desesperadamente quería retroceder en lugar de avanzar y cuán dispuesto estaba a vivir con la humillación de haber retrocedido. Si lo hubiera hecho, jamás habría disfrutado de la zambullida, y siempre habría vivido dentro del límite creado por el miedo.

La vida está llena de trampolines, de lugares donde nos paramos para mirar hacia abajo y ver que está mucho más alto de lo esperado. De lugares donde no hay punto muerto... solo podemos ir hacia adelante o hacia atrás. Muchas veces esta es la línea divisoria, la que separa a quienes solo ven su oportunidad divina de aquellos que la atrapan. En este punto del juego uno está lo suficientemente cerca como para sentirle el gusto. Uno ya ha tomado decisiones importantes acerca de vivir su aventura divina, pero ahora debe decidir: «¿Avanzar o retroceder?».

## Una movida peligrosa

Ese era el lugar en que se hallaba Jonatán. No había retorno. Los filisteos vieron a su enemigo parado en el desfiladero. Jonatán ya había tomado la decisión de ir más allá del punto sin retorno. Claramente, estaba dispuesto a morir por la causa que sabía que era correcta. Ahora vemos parte del filtro por el que Jonatán comprendía la obra de Dios. Jonatán le explicó a su armero: «Si nos dicen que esperemos a que bajen hasta donde estamos, nos quedaremos allí y no subiremos adonde ellos están. Pero si nos dicen que subamos, lo haremos así, porque eso será una señal de que el Señor nos dará la victoria». Luego, se mostraron ante el centinela de los filisteos.

> «Así pues, los dos dejaron que los filisteos del destacamento los vieran. Y estos, al verlos, dijeron: "Miren, ya están saliendo los hebreos de las cuevas en que se habían escondido". Y en seguida les gritaron a Jonatán y a su ayudante:
> —¡Suban adonde estamos, que les vamos a contar algo!
> Entonces Jonatán le dijo a su ayudante:
> —Sígueme, porque el Señor va a entregarlos en manos de los israelitas» (1 Samuel 14:11-12).

En términos de estrategia militar no describiríamos a Jonatán como genio. No hace falta decir que uno no deja que el enemigo le vea. Pero él fue aún más allá de esta decisión irracional. Le explicó a su armero lo que tenía en mente: «Si los filisteos deciden bajar hacia donde estamos, les esperaremos, pero anda sabiendo que terminaremos muertos. Si nos llaman para que subamos, si nos desafían a que trepemos por el acantilado y nos trabemos en batalla con ellos, esa será la señal de Dios de que su victoria es cierta».

En cualquier guerra, el lado que está en posición más alta tiene la ventaja. Si uno puede controlar el terreno alto, podrá controlar el resultado. La logística que Jonatán describía parecía hacer que la victoria fuera imposible. ¿Cómo esperaba derrotar a los filisteos solo con una espada, cuando tendría que usar sus manos y pies para trepar por el acantilado? Su armero se habrá preguntado si Jonatán era suicida, o si la información que le daba no era completa. Sin embargo, lo que encontramos en el plan de Jonatán no es una estrategia de guerra. Él era un siervo convencido de que Dios estaba más que dispuesto a actuar.

> *Sin embargo, lo que encontramos en el plan de Jonatán no es una estrategia de guerra. Él era un siervo convencido de que Dios estaba más que dispuesto a actuar.*

No podemos saber con exactitud cuándo se le ocurrió esta idea a Jonatán. Lo que sí sabemos es que fue coherente con el modo en que históricamente Dios había obrado por medio de su pueblo, Israel. Desde los tiempos de Abraham, eran un pueblo con una misión por cumplir. A pesar de que su llamado era específico, la aplicación de ese llamado siempre era dinámica. Israel era llamado a adorar solo al Señor, y por medio de los israelitas, Dios bendeciría a las naciones. Moisés fue utilizado por Dios para llevar a Israel desde Egipto a las orillas de la tierra prometida. Su viaje se extendió durante cuarenta años como resultado de las malas elecciones que hicieron mientras andaban por el desierto.

El llamado y la promesa de Dios hacia ellos eran claros, sin embargo, la respuesta de ellos estaba conformada por cómo se desempeñaran en su jornada.

En los tiempos de Josué, el Señor nuevamente desafió a su pueblo para que cumpliese las promesas que él les había hecho. Ordenó a Josué ir a tomar posesión de la tierra que el Señor les daría. Josué era uno de los doce hombres elegidos para espiar a los habitantes de la tierra prometida y volver con información. Diez de los hombres informaron que la tierra estaba habitaba por gigantes y desalentaron la invasión. Josué y Caleb, sin embargo, vieron que la tierra era lo que Dios les había prometido. Estos diez estaban dispuestos a renunciar al cumplimiento de la promesa de Dios cuando sopesaron el desafío. Josué y Caleb concluyeron que no podía haber cantidad suficiente de gigantes que le impidieran a Dios cumplir su promesa hacia ellos. Si había gigantes en esta tierra, parte del mandato era hacerles la guerra. Si los adversarios eran más altos, más fuertes, más poderosos o más numerosos, eso era problema de Dios. Tenían un llamado y una promesa que recibir. La tierra era de ellos tan solo si la tomaban. Dios les daría la victoria en la batalla, sí, pero él no pelearía la batalla por ellos.

> *Dios les daría la victoria en la batalla, sí, pero él no pelearía la batalla por ellos.*

### ¿Cuál es su señal?

Jonatán actuaba basado en la convicción de que se le había llamado a avanzar. El ejército de Dios ya había sido encargado con esta misión. La victoria sobre los filisteos era una promesa que simplemente esperaba para cumplirse. Jonatán confiaba tanto en que sus acciones estaban en línea con el propósito de Dios, que solo necesitaba una señal que dijese: «Avanza». Y esperaba que viniera del lugar más extraño... de la boca de los enemigos de Dios. Si los filisteos eran lo suficientemente arrogantes como para desafiarles, esa sería la señal de que Dios ya les había entregado en sus manos. Las únicas palabras que Jonatán no quería oír eran: «Quédense donde están». La llamada a avanzar era la señal de la victoria. La llamada hacia el peligro. La invitación a entrar en acalorada batalla. Se le consideraría un tonto, seguramente según el punto de vista de muchos, pero desde el punto de vista de Jonatán, la cosa se ponía cada vez más interesante. Habrá pensado: *¡No habrá ocasión mejor que esta!*

Y así, los filisteos les vieron y comenzaron a burlarse de Jonatán. Gritaron: «Los hebreos salen arrastrándose de las cuevas en las que se habían escondido». Se reían de Jonatán, y le dijeron a él y a su armero: «Suban hasta donde estamos, y les daremos una lección».

Cualquier persona razonable habría temblado de miedo buscando escapar. Pero Jonatán se volvió hacia su armero y le dijo: «Trepa detrás de mí. El Señor los ha entregado en nuestras manos». Casi puedo oír el entusiasmo en su voz. «Esta es la señal que esperábamos». Estaban ansiosos de oír la palabra que les hiciera avanzar.

Debemos observar que esto es liderado por la intuición. Sin embargo, no está reñido con la fe. De algún modo Jonatán comprendía que cuando uno se mueve con Dios, debe moverse con mentalidad de avanzada. Uno se mueve hacia adelante a menos que Dios le indique detenerse. Uno avanza a menos que Dios le indique que debe esperar. Hay ciertas cosas para las que no necesitamos pedir permiso. Uno ya se ha comprometido a hacerlas. Y hay ciertas cosas para las que no necesitamos un llamado. Ya se nos ha ordenado hacerlas.

Gran parte del lenguaje de nuestra religión se ha concentrado más en los «no» que en los «sí». Del mismo modo, actuamos como si la palabra principal de Dios fuese: «Detente», en lugar de: «Avanza». Perdemos demasiadas oportunidades divinas al mantenernos esperando una palabra que ya nos ha sido dada. Para Jonatán, la palabra «esperar» era el beso de la muerte, pero «avanza» era la señal de Dios. «Esperar» tenía mucho más sentido y requería menos esfuerzo. «Avanza» implicaba más esfuerzo y peligro. Esto nos lleva a una importante pregunta: «¿Qué tipo de señal está esperando usted?».

Jonatán se movía hacia adelante alineado con el propósito de Dios, y el desafío de avanzar era la afirmación de su mano de poder y bendición. Jonatán no se quedó sentado, esperando la señal. Avanzó todo lo que podía. La confirmación le llegó en medio de la acción. No señaló la necesidad de una señal como justificación para su temerosa pasividad o para una sutil rebelión.

Hemos hecho de Gedeón un héroe, y un modelo de su vellón ante Dios. Y aunque Gedeón hizo muchas cosas admirables, elegimos una equivocada para imitar. Gedeón recibió al ángel del Señor que le dijo: «El Señor está contigo, hombre fuerte y valiente».

La respuesta de Gedeón fue una pregunta que a menudo hacemos nosotros también:

> «Perdón Señor, pero si Dios está con nosotros, ¿por qué nos pasa todo esto?» (Véase Jueces 6:12-13).

El Señor respondió con la palabra que se mantiene a lo largo de las Escrituras: «Ve con esta tu fuerza, y salvarás a Israel de la mano de los madianitas. ¿No te envío yo?» (Jueces 6:14).

Esta es la intersección que debemos cruzar: Dios comienza con *avanza*, y nosotros a menudo comenzamos con *espera*. Fue a causa de la falta de confianza en Dios, a causa de la falta de fe, que Gedeón puso su vellón ante Dios. Puso un vellón de lana sobre el suelo, y le dijo a Dios: «Si vas a salvar a Israel por medio de mi mano, entonces haz que caiga rocío solo en el vellón, y que el suelo quede seco». Entonces Dios lo hizo. Gedeón estrujó el vellón y llenó un tazón con agua.

> *Esta es la intersección que debemos cruzar: Dios comienza con avanza, y nosotros a menudo empezamos con espera.*

Y luego Gedeón obedeció y fue, ¿verdad? No. Lo hizo de nuevo. Volvió a poner a prueba a Dios. Esta vez quería que el vellón quedara seco, y que el suelo se cubriera de rocío. Así que a la noche siguiente Dios hizo lo que Gedeón le pedía.

Es sorprendente que Dios sea tan paciente con nosotros, que no abandone, aun cuando hay tanta falta de fe en él. Sí, Dios respondió al vellón de Gedeón, pero esto no es un modelo de acción. Cuando Dios dice que avancemos, debemos hacerlo sin reservas. También es importante observar que Dios le dijo: «Ve con esta tu fuerza». Es por eso que Gedeón tenía miedo de ir. Sabía cuánta fuerza tenía y cuánta fuerza le faltaba. Cuando enfrentamos desafíos del tamaño de Dios con nuestra capacidad de tamaño humano, queremos echar un vellón en el suelo y posponer el compromiso. Sin embargo, todo esto es parte de la aventura. Dios nos invita a ir con nuestra propia fuerza, confiando en él y obedeciendo recibiremos su fuerza.

Finalmente, Gedeón aceptó el desafío. Esto no debiera hacernos creer que las oportunidades perdidas vuelven y que no hay consecuencias. Cuando se llamó a los israelitas a responder al desafío, perdieron su momento, y esto les costó cuarenta años de su historia. Cuarenta años que podrían haber pasado disfrutando de la tierra prometida, y que sin embargo, pasaron vagando en un desierto.

¿Es posible que usted haya estado esquilando el vellón de sus momentos divinos en lugar de atraparlos? ¿Que le haya dicho a Dios: «No haré nada, no arriesgaré nada, no iré a ninguna parte hasta que tú me des una señal»? ¿Ha elegido usted vivir en comodidad, seguridad, conveniencia, justificando su estilo de vida porque Dios no le ha llamado a una vida diferente? ¿Su justificación por vivir una vida de bajo riesgo es la ausencia de señales para que viva de manera diferente?

### Solo diga sí

La señal para Jonatán fue la burla del guerrero filisteo. La única señal que necesitaba era que la voluntad de Dios debía cumplirse, y él estaba en una posición como para intentar cumplirla. Pero, ¿qué sucedería si cambiáramos nuestra manera de pensar? ¿Si oyéramos la primera palabra de Jesús en su Gran Mandamiento: *Vayan*, como el único permiso que necesitamos para hacer la voluntad de Dios? ¿Cómo cambiarían nuestras vidas si obráramos desde un gigante SÍ, en lugar de un gigante NO?

Aunque hay momentos en que Dios nos llama a una tarea especial, aún sin este tipo de instrucción, no se nos deja sin misión o sin llamado. Cada uno de los seguidores de Cristo tiene la instrucción primordial de representarle a él en esta tierra. Todos estamos llamados a ser sus testigos. Todos tenemos la tarea de hacer discípulos. A todos se nos da la tarea de servir como sus embajadores de reconciliación. A todos se nos ordena no solo amar únicamente a Dios, sino también a nuestro prójimo como a nosotros mismos. Todos estamos enviados a seguir su ejemplo, a servir a otros como Cristo nos sirvió a nosotros.

> *Cada uno de los seguidores de Cristo tiene la instrucción primordial de representarle a él en esta tierra.*

Hace varios años, uno de los miembros de nuestra iglesia estaba en una reunión relacionada con la movilización para determinar nuestra misión. Un salón repleto de mujeres estudiaba cuál era la misión específica de Dios para sus vidas. Una de ellas enumeró una serie de oportunidades que ella y su esposo habían considerado. Describió cinco o seis diferentes oportunidades internacionales, y luego explicó que en cada una de ellas Dios había dicho que no. Impactado más por su patrón de pensamiento que por las oportunidades rechazadas, el miembro de nuestro grupo le preguntó una sola cosa: «¿Hay algo a lo que Dios haya dicho sí?». Y la respuesta de la mujer fue: «No lo creo». Puede llegar a ser muy frustrante el sentir que todo lo que recibimos de Dios es un listado rechazado. Al mirar hacia atrás ahora, veo que no era Dios quien siempre decía no.

¿Qué es lo que sucede en nuestras conversaciones con Dios que nos hace oír más el no que el sí? Muchas veces, cuando decimos que estamos esperando a Dios, es él quien nos está esperando a nosotros. Es verdad que Jesús instruyó a sus discípulos a esperar hasta recibir el Espíritu Santo. Pero luego les dijo que una vez que recibieran la promesa del Espíritu de Dios, debían salir y cambiar al mundo. Nosotros también hemos recibido el Espíritu de Dios, y se espera que salgamos con la confianza de que Dios está con nosotros.

> *Muchas veces, cuando decimos que estamos esperando a Dios, es él quien nos está esperando a nosotros.*

¿Alguna vez se ha visto demorado por el tráfico? Quizás precisamente un día en que estaba apurado, llegando tarde a un compromiso importante. Hay solo uno auto enfrente suyo. Usted mira el semáforo continuamente, esperando que cambie de rojo a verde. Parece tardar una eternidad, pero finalmente sucede. Deja de pisar el freno, está por acelerar, y entonces, ve que la persona que está delante no se ha enterado de que tiene permiso para avanzar. En lugar de mirar hacia adelante, está mirándose en el espejo retrovisor. Seguramente recuerde que pensó:

*Vamos, señora, ya está la luz verde para avanzar.* Me pregunto si esto es lo que Dios piensa también.

El libro de los Hechos ciertamente no describe a un pueblo apático, sino a personas aprehensivas. Describe a gente que se movilizaba con Dios. Claramente, se movían a partir de una mentalidad que indicaba avanzar. Vivían sus vidas alimentados por el sí divino, y era este permiso inspirado por Dios lo que les hacía una fuerza imparable. Esto va más allá de la iniciativa y la proactividad. Es un sentimiento de destino manifiesto, una confianza en que nadie puede impedirnos cumplir el propósito de Dios para nuestras vidas. No hay desafío o enemigo lo suficientemente poderoso como para ser un obstáculo en nuestro camino.

Se nos llama a ser conquistadores, no sobrevivientes. Con pasión y anticipación, nos movemos con determinación hacia el ojo del huracán. Este Factor Jonatán nos impulsa a enfrentar los desafíos más grandes de frente, no de espaldas con la cola entre las patas. No sé lo que significará para otros, pero para los seguidores de Jesucristo significa vivir al borde, estar parado en el epicentro del lugar en el que el reino de Dios se enfrenta con el reino de la oscuridad. Cuando el mal levanta su fea cabeza, burlándose de Dios y atormentando a los débiles, el aventurero se alza y se mueve hacia su reto. Como un misil guiado, el espíritu del aventurero avanza hacia su más grande desafío.

> *No sé lo que significará para otros, pero para los seguidores de Jesucristo significa vivir al borde, estar parado en el epicentro del lugar en el que el reino de Dios se enfrenta con el reino de la oscuridad.*

## Complicándolo todo

En el libro de los Hechos y en los escritos de Pablo también encontramos que la vida real es complicada. A ellos no todo les salía bien. Las primeras comunidades cristianas distaban mucho de ser perfectas. Nadie tenía un entendimiento perfecto, ni siquiera los apóstoles. Muchos queremos un mapa, pero en su lugar recibimos solo una brújula. No se nos da un boceto detallado sobre cómo vivir cada día. Se nos da un norte, una dirección hacia la que debemos avanzar. En este viaje una cosa es cierta: cuando avanzamos sobre lo que sabemos, las cosas se aclaran. Cuando nos negamos a actuar sobre lo que sabemos, todo lo que no sabemos nos paraliza.

Si es usted un perfeccionista, este viaje de aventura requerirá de más herramientas. A pesar de que adoramos a un Dios perfecto, el viaje está lleno de lo que considerará imperfecciones inaceptables. La vida del aventurero no es como organizar una oficina, sino como andar sobre una tabla de surfing. Está llena de variables desconocidas e inesperadas. Jamás hay un punto en el que podamos decir que la tarea está terminada, hasta que llegamos al destino final.

Tanto en el Antiguo como en el Nuevo Testamento el Espíritu de Dios se describe con la misma palabra, que también se traduce como *viento*. Cuando nos convertimos en personas del Espíritu, nos unimos al viento de Dios mientras él se mueve a lo largo y ancho de la historia humana. Vamos a cometer errores en esta vida, seguro, así que mejor que sean errores buenos. Es en esta debilidad donde Dios se muestra fuerte. Aun cuando nos comprometemos a hacer el bien, no debemos engañarnos pensando que estamos haciendo lo perfecto. Sin embargo, en su maravillosa gracia, Dios nos brinda apoyo en nuestra obra cuando nuestros corazones son enteramente suyos. En el Paraíso que Dios le dio al hombre, había un solo no, en medio de muchos sí. Una sola opción mala, y absoluta libertad para elegir entre todo lo bueno, para elegir lo que uno prefiriese.

> *Cuando nos convertimos en personas del Espíritu, nos unimos al viento de Dios mientras él se mueve a lo largo y ancho de la historia humana.*

Esto es coherente con el patrón que Dios tiene para nosotros, pero la apuesta ahora es mayor. No se trata de elegir una entre muchas buenas opciones; se trata también de luchar contra las fuerzas del mal que quieren consumir a la humanidad. El único árbol malo se ha convertido en jungla. Dios busca aventureros que se abran camino para ir al rescate de aquellos que están perdidos en la oscuridad.

Quienes atrapan sus momentos divinos, se mueven con el sí de Dios, a menos que él diga no. Trabajan desde el sí, y esperan el no. Entienden que la misión les da permiso. Saben que la crisis envuelve su vocación y llamado. Saben que el peligro es la invitación que tienen para enfrentar el desafío.

## ¿Hacia qué lado se inclina usted?

En 1887, Elisha A. Hoffman escribió una canción que se ha convertido en un clásico de la vida de las iglesias norteamericanas. Su nombre es «Apoyados en los brazos eternos». El estribillo dice:

Apoyados, apoyados, seguros y a salvo de toda alarma.
Apoyados, apoyados, apoyados en los brazos eternos.

Estoy seguro de que estas palabras han dado consuelo a miles de millones a lo largo de los años, pero al mismo tiempo, nos muestran que durante mucho tiempo hemos estado inclinándonos y buscando apoyo en cierta dirección. La imagen que nos da este gran himno es la de que estamos inclinados hacia atrás. Nos dice que si nos apoyamos en los brazos eternos de Dios estaremos libres y a salvo de toda alarma. El mensaje es obvio. Si nos apoyamos en los brazos protectores de Dios, él no permitirá que nada nos lastime.

Quiero afirmar de forma absoluta que debemos apoyarnos en los brazos de Dios, pero quiero aclarar y quizás confrontar la idea de la dirección de dicho apoyo y su resultado. Cuando nos apoyamos en los brazos de Dios, podemos encontrarnos en situaciones de alarma, no a salvo de ellas. Y lo que es más importante, cuando uno comienza a apoyarse en Dios, comienza a inclinarse hacia delante, no hacia atrás.

Hace varios años se me explicó un fenómeno sociológico descrito como categorizaciones de adopción, el cual describe cuán rápidamente respondemos a los cambios.

El gráfico en forma de campana nos dice básicamente que el 50% de la población se inclina hacia adelante, y que el otro 50% lo hace hacia atrás. En un análisis más específico nos dice que un 2% aproximadamente recibe la denominación de innovadores, cerca del 13% son adoptadores tempranos, un 34% son considerados una mayoría temprana, y un 34% como mayoría tardía. Alrededor del 13% son adoptadores tardíos, y un 2% queda rezagado.

En otras palabras, un 15% aproximadamente está parado sobre la punta de los pies, preparándose para avanzar, mientras otro 15% está clavando los talones, resistiéndose al avance. En mis años como estudiante y como profesor me ha impactado lo mucho que nuestros himnos y nuestra teología se han referido a un solo extremo de esta situación.

Nuestro lenguaje para describir a Dios ha sido tomado mayormente de las imágenes bíblicas de Dios como nuestra roca, nuestro baluarte y nuestra fortaleza. Y estoy seguro de que todos hemos encontrado consuelo y fuerzas en los atributos relacionados con Dios que se describen en estas expresiones. Pero no hemos sido igual de fieles para capturar otros aspectos del Dios que se describe como viento y fuego.

### Hacia adelante

Hace unos años, en el invierno, un amigo mío llamado Bob estaba de visita en nuestra casa en Los Ángeles. Me invitó a ir a esquiar con él, y eso era algo que yo siempre había querido hacer. Había practicado esquí acuático durante años, pero nunca había intentado esquiar sobre agua congelada. Esta sería mi primera vez.

Fuimos al área de Big Bear y me anoté en una de esas lecciones para principiantes, de esas que enseñan lo básico en unos quince a treinta minutos. Le dan a uno nociones sobre cómo calzarse los esquís y mantenerse parado sin caer, cómo abordar el elevador y desmontarse sin caer y, por supuesto, cómo levantarse una vez que las dos experiencias previas no han resultado positivas.

Luego de esta breve clase de instrucción, Bob se acercó y me guió hasta uno de los elevadores, para que pudiera disfrutar de mi primera experiencia cuesta abajo. Algunas de las palabras del instructor me habían sonado algo confusas, pero sí recordaba algo claramente: «Usted es un principiante. Debe permanecer en el área del círculo verde. Espere hasta un poco más adelante para intentar en el cuadro azul. Y jamás, repito, jamás intente esquiar en el área del rombo negro».

Al montar el elevador, y a medida que nos arrastraba hacia arriba, supuse que habría diferentes lugares donde podría desmontar. Podía quedarme en el sector verde, o esperar hasta el sector azul, o aun seguir hasta el sector negro. Pronto supe que no es esta la manera en que están organizados los elevadores. Cada uno tiene un destino. Y Bob me dijo al rato que este era el que llevaba hacia el rombo negro. Allí tendría yo mi primera experiencia. Bob me aseguraba continuamente que se había equivocado, que no lo había hecho adrede. Debo creerle, porque Bob es pastor.

Tenía una simple estrategia para mi descenso. Apuntar hacia lo que parecía ser el lugar más blando, y dirigirme hacia allí. Cuando llegué abajo, sentí que había logrado algo increíble, e inmediatamente me dirigí hacia el sector azul. Después de todo, había sobrevivido al rombo negro y solo me había caído unas diez o doce veces. El sector azul sería muy fácil.

Cuando bajé del elevador del sector azul, apunté mis esquíes hacia abajo, y me di cuenta de que no tenía idea sobre cómo moverme de lado a lado. Bajar la ladera en línea recta, tomando la ruta más corta entre dos puntos, me haría llegar a destino sin otro modo de detenerme más que cayendo. El impulso me llevó hasta el área del patio del refugio de esquiadores, donde finalmente me detuve. Un instructor se acercó para decirme que jamás había visto a nadie bajar en línea recta, sin zigzagueos. Pensaba que había sido increíble. Le expliqué que no sabía detenerme y que había tenido miedo de caer.

Mientras bajaba, pensaba continuamente: *Dobla las rodillas e inclínate hacia adelante.*

Ninguna otra instrucción importaba en realidad, excepto: *No te inclines hacia atrás, siempre hacia adelante.* Es un buen consejo para todos los que somos novatos en la aventura divina: inclinarse en la dirección en que debemos ir. Reconocer que cuando nos calzamos los esquíes del reino, Dios nos envía en una dirección específica. Y sí, hay que bajarse del elevador. Las instrucciones de Dios son avanzar, vivir la vida, correr riesgos, ir hacia adelante, avanzar siempre.

> *Las instrucciones de Dios son avanzar, vivir la vida, correr riesgos, ir hacia adelante, avanzar siempre.*

## Una invitación divina

En 1991, Kim y yo debimos tomar nuevamente una importante decisión en nuestra vida. ¿Era ya tiempo de mudarnos de Dallas a Los Ángeles y comenzar nuestra aventura nueva con Dios? En muchos aspectos, esta decisión era mucho más difícil entonces de lo que había sido antes. Teníamos mucho que perder, muchas cosas que dejar.

Cuando éramos recién casados, solo estábamos los dos. No teníamos mucho, ni teníamos hijos en quienes pensar. Avanzar era mucho más simple entonces. Ahora teníamos un hijo de tres años, y Kim esperaba otro bebé. Mi trabajo como consultor denominacional había terminado, y el resultado de nuestro trabajo nos había traído seguridad financiera. En pocos años habíamos pasado de alquilar un apartamento, y dormir en el piso, a ser dueños de una casa nueva y de un auto que habíamos pagado en efectivo. Pero parecía que Dios nos estaba invitando a dejarlo todo y comenzar nuevamente.

Mientras evaluábamos esta decisión, Kim tuvo un encuentro único con Dios en las Escrituras. Se me acercó, con lágrimas en los ojos, y me leyó Lucas 14:15-24:

Al oír esto, uno de los que estaban sentados a la mesa le dijo a Jesús:

—¡Dichoso el que participe del banquete del reino de Dios!

Jesús le dijo:

—Un hombre dio una gran cena, y mandó invitar a muchas personas. A la hora de la cena, mandó a su criado a decir a los invitados: "Vengan, porque ya la cena está lista". Pero todos comenzaron a disculparse. El primero dijo: "Acabo de comprar un terreno, y tengo que ir a verlo. Te ruego que me disculpes". Otro dijo: "He comprado cinco yuntas de bueyes y voy a probarlas. Te ruego que me disculpes". Y otro dijo: "Acabo de casarme, y no puedo ir". El criado regresó y se lo contó todo a su amo. Entonces el amo se enojó, y le dijo al criado: "Ve pronto por las calles y los callejones de la ciudad, y trae acá a los pobres, los inválidos, los ciegos y los cojos". Más tarde, el criado dijo: "Señor, ya hice lo que usted me mandó, y todavía hay lugar". Entonces el amo le dijo al criado: "Ve por los caminos y los cercados, y obliga a otros a entrar, para que se llene mi casa. Porque les digo que ninguno de aquellos primeros invitados comerá de mi cena".

Era la parábola del gran banquete. Esta parábola significó mucho más en ese momento, mientras Kim comenzó a compartirla conmigo. Dios no solo nos ha invitado a todos al banquete en su reino, sino además nos invitaba específicamente a unirnos a él en su banquete. Con lágrimas en los ojos, Kim explicó: «Dios nos está invitando a unirnos a él en una celebración. Da la fiesta en Los Ángeles. Tiene todo preparado, aun cuando no lo veamos. Si no vamos, habrá dos asientos vacíos allí».

La parábola es un fuerte recordatorio de que hay muchas oportunidades perdidas, la oportunidad perdida de rechazar la invitación de Dios de conocerle por medio de su Hijo Jesucristo, y sí, la infinidad de oportunidades perdidas cuando ignoramos la invitación que Dios nos hace para que nos unamos a él en lo que está haciendo, en el lugar en donde lo está haciendo. De manera muy real, Dios está dando una fiesta, y estamos todos invitados. Los participantes serán quienes oigan la invitación de Dios y atrapen su momento divino.

> *De manera muy real, Dios está dando una fiesta, y estamos todos invitados. Los participantes serán quienes oigan la invitación de Dios y atrapen su momento divino.*

Al igual que aquellos que se perdieron la fiesta, todos estamos llenos de excusas. Uno dijo: «Acabo de comprar un campo. Debo ir a verlo. Por favor, discúlpame». Otro dijo: «Acabo de comprar cinco yuntas de bueyes. Voy en camino a probarlas. Por favor, discúlpame». Otro dijo: «Acabo de casarme y no puedo ir». Las mismas viejas excusas. Tengo que ir a algún lado, tengo que hacer cosas, tengo que ver a alguien. Estoy demasiado ocupado como para aceptar la invitación que Dios me hace a la vida. Pienso que es curioso que los dos primeros dijeran: «Elijo no ir», y que el que acababa de casarse dijese: «No me permiten ir».

Es sorprendente que a menudo las mismas personas que se supone debieran alentarnos a avanzar, son aquellas que nos retienen. Personalmente he conocido a muchas mujeres cuyos corazones están llenos de pasión por Dios, pero que no pueden atrapar sus momentos divinos a causa de la pasividad de sus esposos.

Nuestras vidas debieran estar llenas de amigos y familiares que deseen ir hacia adelante y tomar todo lo que hay en la vida para que experimentemos. Esta es una de las características que hace de Mosaic algo tan especial para mí. Somos una comunidad de personas paradas en puntas de pie, no con los talones clavados. Hay algo excitante y especial en una comunidad entera que se inclina hacia adelante para hacer avanzar el bien que desea el corazón de Dios, en lugar de inclinarse hacia atrás intentando resistirse a él.

### Empaque y prepárese

Una de las preguntas más frecuentes con relación a nuestra congregación es: ¿Cómo es posible que movilicemos a tantas personas hacia misiones en otros países? Es bastante fácil de explicar. Si su iglesia está llena de miembros, encontrará el misionero. Si su iglesia está llena de misioneros, el resto es solo geografía. La mayoría de las iglesias no envían misioneros porque no los tienen. Durante varios años, nuestro promedio ha sido enviar un adulto al mes como misionero hacia lo que llamamos la ventana diez-cuarenta, donde se halla la gente con mayor necesidad de oír acerca de Dios. Estas personas no fueron llamadas a las misiones repentinamente. Eran personas que ya estaban en la misión, y luego Dios eligió cambiarles el domicilio.

Uno de los períodos más excitantes en la historia de nuestra iglesia fue un intervalo de tiempo de aproximadamente trece meses, durante los cuales más del 50% de nuestros asistentes dejaron los Estados Unidos en algún tipo de misión o proyecto de servicio. Durante ese año, recibimos una llamada de ayuda de un equipo de misioneros en la región de China y Mongolia. En pocos meses tendrían su reunión anual, a la que asistirían más de quinientos obreros.

El líder regional me explicó la naturaleza integral de su necesidad durante ese período de diez días. La reunión compilaba un año entero de iglesia en unos pocos días. Yo estaba incluido entre los disertantes, y me preguntaron si podría llevar a un equipo.

—¿Un equipo de adoración? —pregunté.

—Sí —me respondió.

—¿Y qué te parece teatro y artes creativas?

—Sería excelente —dijo.

—¿Necesitan algo más?

—Bueno, sería muy útil un grupo de obreras para preescolares —dijo entonces.

—¿Algo más?

—Bien, necesitamos un ministerio para niños.

Luego me dijo que también tenían necesidad de trabajadores para los últimos años de escuela primaria y para los de secundaria. Cuando terminó de enumerar sus necesidades para la reunión anual, la cantidad total era de aproximadamente cuarenta personas.

Era increíble pensar que nuestra congregación, de unos seiscientos adultos, pudiera movilizar cuarenta profesionales para que dedicaran dos semanas de sus vacaciones, reunieran más de

40.000 dólares, y fueran a Asia a cambiar pañales. Avanzamos, y dijimos: «Seguro. Lo haremos». Deseara poder decirle que fue difícil, que me llevó meses de esfuerzo reunir el equipo. Pero en realidad, solo me llevó una hora reunir todo lo que necesitaba. Y ni siquiera habían pasado dos semanas cuando el equipo de cuarenta y dos personas se hallaba listo. Fue casi sin esfuerzo que reunimos los 40.000 dólares, a pesar de que se requirió verdadero sacrificio de parte de muchas personas. Esto jamás habría sido posible si los miembros de la iglesia no hubiesen sido ya misioneros. Habría sido imposible hacer que aquellos que tenían los talones clavados en el suelo, se pusieran en puntas de pie, con este tipo de noticia. Uno no puede avanzar el reino de Dios con personas que están inclinadas al retroceso. Cada uno de nosotros, al igual que Jonatán, puede vivir con mentalidad de avanzar. Podemos inclinarnos hacia adelante sobre los brazos eternos de Dios.

[
*Uno no puede avanzar el reino de Dios con personas que están inclinadas al retroceso.*
]

## Un desafío a sus temores

Mi hermano Alex tenía fobia de volar. Había sufrido esto desde que tengo memoria. De niños, comenzamos a volar a la edad de cinco años. Íbamos y volvíamos de los Estados Unidos al Salvador continuamente. Alex, como era mayor, siempre conseguía el codiciado asiento junto a la ventana. Pronto aprendí que no tenía sentido pelearnos por el asiento de la ventana, ya que apenas despegaba el avión, Alex correría al fondo para pasar la mayor parte del vuelo en el baño. No estoy seguro de si su fobia estaba directamente relacionada con esta experiencia de la infancia, pero volar jamás había sido uno de sus medios de transporte favoritos.

Cuando comenzamos a trabajar juntos en el ministerio, me explicó que no apreciaba mis invitaciones a viajar conmigo. En efecto, me explicó que en realidad le molestaban muchísimo. No era solo que no disfrutara de volar, o que solo tuviera temor; en realidad, odiaba volar. Y dijo: «No tengo miedo a volar; tengo miedo de que el avión se caiga». Esto fue antes del 11 de septiembre.

Luego sucedió algo extraño. Cuando dos aviones se estrellaron contra el World Trade Center, y dos más cayeron en la costa Este, descubrimos que toda una nación tenía miedo a volar. Innumerables eventos en nuestro país han reducido la cantidad de participantes, y ha habido muchas cancelaciones a raíz de la nueva crisis. Sin embargo, para Alex sucedió todo lo contrario. Dijo que estaba parado cerca del campus de la Universidad de Carolina del Sur y vio pasar un avión. Era el primer avión de pasajeros que veía desde el ataque del 11 de septiembre. Y reveló que en ese momento supo que estaba viendo un acto de desafío, que ser un pasajero anteriormente requería de muy poca reflexión previa. Pero ahora, se trataba de una decisión consciente entre quedar paralizado o avanzar hacia adelante.

Desde entonces, mi hermano jamás ha sido el mismo de antes. Ha subido a los aviones gran cantidad de veces. Sin fobia, sin miedo, solo con puro desafío... inclinándose hacia adelante, atrapando los momentos divinos, haciendo avanzar el reino de Dios. Es como si hubiera oído al filisteo diciendo: «Sube hasta donde estamos, y te daremos una lección». Lo oyó como una señal de Dios que le llamaba a avanzar.

Jonatán no estaba solamente desafiando su suerte; desafiaba al temor en sí mismo. Nada le impediría avanzar y hacer lo correcto. ¿Cómo se vería nuestro mundo si fuéramos una sociedad llena de hombres como Jonatán?

> *Sin fobia, sin miedo, solo con puro desafío... inclinándose hacia adelante, atrapando los momentos divinos, haciendo avanzar el reino de Dios.*

## Acepte el desafío

Jamás olvidaré el pánico del Y2K. Parecía que nos rodeaba una sensación de fatal destino. Por cierto, no fue uno de los mejores momentos para los cristianos norteamericanos. La literatura cristiana solo parecía capitalizar esta histeria. Se escribía y decía muy poco acerca de una perspectiva y dirección positivas. Nuestro apetito por la literatura apocalíptica solo parecía echar combustible sobre el frenesí del momento. Me pregunto cuántos cristianos habrán quedado con sus despensas llenas de latas de atún y alimentos no perecederos. Los cristianos más cautelosos, tomaban decisiones irracionales, como dejar sus casas para ir hacia refugios aislados. Las congregaciones del país buscaban líderes espirituales que dieran el ejemplo y proveyeran perspectiva bíblica.

Como familia, tomamos una decisión. No nos rendiríamos a la histeria del momento. El mundo no se terminaría. Necesitábamos desarrollar una estrategia que hiciera avanzar los propósitos de Dios hacia el siglo veintiuno.

En medio de esta crisis, Dios nos dio una perfecta oportunidad para poner nuestra acción donde estaban nuestras palabras. Me invitaron a hablar en diferentes partes del país durante la transición del milenio, por lo que volamos a Filadelfia. Hablé en el lugar donde nació nuestra nación y luego volé a Houston, dirigiéndome a miles de estudiantes que recibían el año nuevo juntos. Y el 1 de enero, volé a Los Ángeles de vuelta a casa con mi esposa y los dos niños. Como una declaración de nuestra confianza en el futuro de Dios, viajamos de costa a costa, y hablé a la mañana siguiente sobre nuestro compromiso frente al tercer milenio.

Si va a atrapar sus momentos divinos debe estar dispuesto a enfrentarse con sus gigantes. Recuerde, los filisteos eran un pueblo de gigantes. Eran la familia de Goliat y sus hermanos. Jonatán avanzó, aun antes de que David tomara la cabeza de Goliat. Supongo que se podría decir que para poder cortarle la cabeza al gigante primero hay que matarlo.

Después del riesgo viene el avance. Luego del «no retorno» viene «hay que avanzar». Cuanto más nos acercamos a un desafío divino, más grande se verá este, y más pequeños nos sentiremos. Si las señales que está buscando son las que garanticen el éxito, podrá retroceder en lugar de avanzar. Sería muy bueno si las señales de Dios con respecto a que debemos avanzar siempre fueran situaciones perfectas, con todos los recursos necesarios para el éxito, con la garantía de la victoria. Pero si ese fuera el caso, no habría aventura.

> *Después del riesgo viene el avance. Luego del «no retorno» viene «hay que avanzar». Cuanto más nos acercamos a un desafío divino, más grande se verá este, y más pequeños nos sentiremos.*

Además, esta no es la realidad. Muy frecuentemente las señales que nos indican avanzar serán inquietantes. Harán que evaluemos quiénes somos, y quién creemos que es Dios. Nos pondrán en claro nuestras prioridades ¿Estamos aquí por lo que podemos recibir o por lo que podemos dar? Las señales pondrán de manifiesto nuestros corazones, mostrarán nuestros temores y darán rienda suelta a nuestra fe. Hay una palabra para la forma de pensar de aquellos que atrapan sus momentos divinos: avanzar. Hay un contexto para su viaje: el aventurero vive para el desafío.

*Ayden iba delante, mientras Kembr le seguía. A cada paso, el camino se hacía más y más oscuro. Sus ojos podían ayudarles poco, pero de algún modo, lograban encontrar su camino.*

*Todo llevaba en sí mismo su propio calor y vibración. La oscuridad no aminoraba los colores, los cuales iban desde los más cálidos hasta los más fríos.*

*Y en medio del silencio, podían sentir los sonidos que les rodeaban. Sonidos tan melodiosos que harían que el caminante solo quisiera detenerse para sentarse a escucharlos. Sin embargo, detrás de ellos había gritos de desesperación y hasta de tormento. Se hacía cada vez más difícil avanzar. La oscuridad era casi sofocante.*

*Ayden interrumpió la lucha de Kembr con un potente recordatorio:*

*—Tienen la fuerza para matarte con un solo golpe. El temor te atrapará y luchará por hacer que te detengas. No pueden dañarnos mientras avancemos. Solo pueden pegarnos si dudamos o retrocedemos.*

*—Retroceder, será asegurarnos la muerte. ¡Entonces, avancemos y vivamos! -dijo Kembr confirmando sus palabras.*

*—Inscripción 1223/ The Perils of Ayden.*

Publicado por
**Editorial Unilit**
Miami, Fl. 33172 Derechos reservados

© 2004 Editorial Unilit (Spanish translation)
Primera edición 2004

© 2002 por Erwin Raphael McManus
Originalmente publicado en inglés con el título: *Seizing You Divine Moment*
por Thomas Nelson Publishers, Nashville,TN. USA.
Todos los derechos reservados.

Proyecto conjunto con la agencia literaria Yates & Yates, LLP.
Literary Agents
Orange, California.

*The Perils of Ayden* © 2002. Todos los derechos reservados.
Usado con permiso de Erwin Raphael McManus

Ninguna parte de esta publicación podrá ser reproducida, procesada en algún sistema que la pueda reproducir, o transmitida en alguna forma o por algún medio electrónico, mecánico, fotocopia, cinta magnetofónica u otro excepto para breves citas en reseñas, sin el permiso previo de los editores.

Traducción y edición: Grupo Nivel Uno, Inc.

A menos que se indique lo contrario, las citas de las escrituras son de la versión DIOS HABLA HOY de Sociedades Bíblicas Unidas, indicado como (DHH)y de la versión Reina Valera 1960 indicado como (RV).
Usadas con permiso.

Producto 496738
ISBN 0-7899-1145-0
Impreso en Colombia
*Printed in Colombia*

**Anatomía de la seducción**
0-7899-1310-0
495391

**Cómo vivir y orar en el nombre de Jesús**
0-7899-0310-5
497472

**¡Recién nacido!**
0-7899-0311-3
497473

¿Cómo podemos enfrentar y vencer a las seducciones que tratan de arrastrarnos día tras día?

Aprenda cómo apropiarse del poder de Su nombre y permítale cambiar su vida.

Comience a dar sus primeros pasos en su nueva vida con Cristo.

disponibles en su librería más cercana

Jack Hayford

Publicamos para la familia
www.editorialunilit.com

# Secretos para una vida abundante

CAPÍTULO 2

# Una vida planificada

J. OSWALD SANDERS
*Descubra el plan de Dios para su vida*
Editorial Portavoz

> *Vaya a Dios mismo, y pida el llamado de Dios; puesto que Él por cierto tiene un plan o un llamado para usted. Él de alguna manera lo guiará hacia él... Por su unión oculta con Dios o por la relación con Él obtenemos una sabiduría o un discernimiento más profundos que lo que nos conocemos a nosotros mismos; una compasión, una unidad con la voluntad y amor divinos. Entramos en el propio plan de Dios para nosotros y somos conducidos por Él, consintiendo, cooperando, respondiendo a Él, y trabajando con la exactitud más bella a ese buen fin por el cual su consejo invisible nos rodeó y nos envió al mundo. De esta manera nunca podemos estar perdidos para encontrar nuestro camino hacia el consejo y el plan de Dios.*

*Horacio Bushnell*

## CADA VIDA ES UN PLAN DE DIOS

Una de las selecciones del libro *The World's Greatest Sermons* [Los mejores sermones del mundo] fue disertada por primera vez por el sobresaliente predicador estadounidense Horacio Bushnell. Lleva el título: "Cada vida es un plan de Dios". El concepto bíblico ha encontrado gran aceptación entre los cristianos evangélicos de todo el mundo. Sin embargo, en los años recientes, ha enfrentado un reto, probablemente debido a la forma infeliz en que a veces se ha presentado el tema. ¿Dios tiene una voluntad y un plan ideales y detallados para cada vida? ¿Es este un concepto válido o solo es una opinión que se ha leído equivocadamente en las Escrituras? Si hay tal plan, es sumamente importante que lleguemos a conocerlo. Si es solo un mito, cuanto antes se lo ponga a descansar, mejor.

Por todos lados de este bello mundo en el que vivimos, hay evidencia de un Dios que está obrando de acuerdo con un plan, mucho más allá de la comprensión humana. Por esto cuando Jesús instruía a sus discípulos expresó esta asombrosa declaración: "¿No se venden dos pajarillos por un cuarto? Con todo, *ni uno de ellos cae a tierra sin vuestro Padre...* Así que, no temáis; más valéis vosotros que muchos pajarillos" (Mt. 10:29-31, cursivas añadidas).

En otra ocasión Él advirtió el valor de una única alma humana en estos términos: "Porque ¿qué *aprovechará* el hombre *si ganare todo el mundo*, y perdiere su alma?" (Mr. 8:36, cursivas añadidas).

Si nuestro majestuoso Dios incluye hasta el pajarillo insignificante en su abarcador plan y benéfica voluntad, y si el alma del hombre supera en valor todo lo que este mundo puede ofrecer, ¿es irracional llegar a la conclusión de que Él tiene un plan individual y un propósito para cada vida humana? Cada uno de nosotros somos la expresión de una idea divina única, y nuestro propósito en la vida debe ser cooperar con nuestro Padre en que se lleve a cabo esa idea. Cada uno de nosotros es único porque fuimos hechos a la imagen de Dios. "Y creó Dios al hombre a su imagen, a imagen de Dios lo creó; varón y hembra los creó" (Gn. 1:27).

Si hay un plan divino para nuestra vida, y yo creo que lo hay, no deberíamos esperar que fuera como un plano de un arquitecto.

O como el itinerario de un agente de viajes, todo completo con fechas, lugares y horas. ¡No somos autómatas controlados por una computadora celestial! La dirección divina concierne a personas que han sido dotadas con el increíble poder del libre albedrío. Cada día debemos tomar decisiones y elegir cosas, algunas de las cuales afectarán todo nuestro futuro. El hecho de que hemos sido creados según la imagen divina agrega una dimensión eterna a estas decisiones.

> Tras las escenas que no podemos ver,
> Una mano divina obra las cosas que son,
> Y trae a mi sendero el esquema ideado
> Por el Hacedor de la tierra que construyó los cielos,
> *Pero Él me deja elegir la vida que Él planea,*
> O andar por el camino de las exigencias propias,
> Para construir sobre la roca o sobre las arenas movedizas.
> (cursivas añadidas)

Las circunstancias que rodean nuestra vida no son accidentales, sino que han sido ideadas por un Padre que es todo sabiduría y amor, quien sabe cómo podemos glorificarlo mejor y al mismo tiempo lograr lo mejor para nosotros. Cuando esto se convierte en una convicción, se cree y se lo acepta, entonces cada parte de la vida se convierte en importante, y la vida misma se torna un viaje de descubrimiento de Dios y de nuestro verdadero yo.

La dirección divina no es mecánica ni automática, ya que Dios no nos trata como robots sino como seres inteligentes. Cuando Él guía, lo hace de manera tal de conducirnos a una madurez completa y a una creciente semejanza a Cristo. Todo el proceso de dirección se encuentra ideado para que se incremente nuestro conocimiento de Dios mismo, no solo de su voluntad: "Pero si se os deja sin disciplina... nos disciplinaban... pero éste para lo que nos es provechoso, *para que participemos de su santidad*" (He. 12:8, 10, cursivas añadidas).

Esto es lo que el Señor emprende:

> Así ha dicho Jehová, Redentor tuyo, el Santo de Israel: Yo soy Jehová Dios tuyo, que te enseña provechosamente, *que te encamina por el camino que debes seguir.*
> Isaías 48:17 (cursivas añadidas)

Nuestro Guía celestial no trata con nosotros de manera masiva, sino de manera personal e individual. Ya que cada uno de nosotros es único, Él usa distintos métodos como existen con los suyos. Para describir la manera peculiar en que el Padre tiene cuidado de sus hijos, Jesús empleó una llamativa figura del lenguaje: "Pues aun vuestros cabellos están todos contados" (Mt. 10:30). Esto nos asegura que no hay detalle heredado, no hay peculiaridad del temperamento, ni incapacidad que nos rodee que se escape de la mirada compasiva de Dios. Con infinita sabiduría y compasiva comprensión, Él hace planes a nuestro favor en amor.

> Porque así dijo Jehová:... *Porque yo sé los pensamientos [los planes] que tengo acerca de vosotros*, dice Jehová, pensamientos [planes] de paz, y no de mal, para daros el fin que esperáis.
> Jeremías 29:10-11 (cursivas añadidas)

## Dios no desea fotocopias

Muchos nuevos creyentes —y algunos con años como cristianos— son proclives a distraerse en vanos lamentos que ellos no son como alguien cuyos dones y personalidad desean tener. Una cosa es admirar e imitar las mejores cualidades de otra persona y otra muy distinta tratar de ser como esa persona, casi negando que hay un plan de Dios para su propia vida. El propósito de Dios no es que seamos fotocopias unos de otros, sino que desarrollemos y maduremos como personalidades únicas que somos cada uno de sus hijos. Él quiera que usted sea usted mismo, aunque claro, mucho mejor.

¿Un tablero de ajedrez de luz y sombra?
¿Y nosotros las piezas hábilmente tendidas?
¿Movidos y removidos sin una palabra para decir
Por la misma mano que hizo el tablero y las piezas?

No somos piezas en algún juego del destino,
Ni libres para echarle la culpa al Destino,
Cada alma enciende su llama inmortal,
La avienta al cielo, o la oculta en vergüenza.

-John Oxenham

Mientras buscamos el plan de Dios para nuestras vidas, de ningún modo es poco común encontrar muchos obstáculos en nuestro camino. Pero debemos recordar que Dios nos está adiestrando para la eternidad. Estas obstrucciones no son necesariamente un indicio de que estamos fuera de su voluntad, sino que están en ese lugar para desarrollar nuestra fe y fortalecer nuestro carácter. Así pasó con Arthur Davidson, un alumno de la Universidad Bíblica de Nueva Zelanda durante mi época allí como director.

## El plan desconocido

"¿Crees que podría ser el plan de Dios para ti que estudiaras en la Universidad Bíblica?", le preguntó un amigo. Arthur todavía no había considerado esta posibilidad antes, así que obtuvo la información de la universidad.

"Enfrenté un serio problema al considerar el folleto", escribió. "El plan de estudios estaba principalmente diseñado para aquellos llamados al servicio misionero. En ese momento no tenía ni el llamado ni la condición física necesarios para un servicio misionero en el extranjero. Además, dicho curso de capacitación significaría que daría un paso hacia lo desconocido, porque completarlo no garantizaba una esfera de servicio luego de la graduación. Tal perspectiva me asustó, luego de la seguridad de varios años de empleo.

"Esa noche, al estudiar algunos de los materiales en mi escritorio, me topé con un poema titulado 'El plan desconocido'. Estaba basado en el llamado de Abraham a una tierra desconocida, sin saber a dónde se dirigía. Al leerlo, las palabras me impresionaron de tal forma que sabía que era la dirección de Dios para mí tomar el sendero desconocido y presentar una solicitud a la Universidad Bíblica.

"A la mañana siguiente, mientras estaba llenando el formulario de inscripción, sonó el timbre de la puerta y me saludó un vendedor a quien había conocido antes. Cuando le conté sobre mis planes, respondió: "Hermano, cometerás un gran error si tomas el plan de estudios de la Universidad Bíblica. Muchos ministros consideran que la capacitación es muy inadecuada. Yo te recomendaría con firmeza que te inscribieras en otro plan de capacitación.

"Fue una experiencia muy desconcertante. ¿Había entendido mal el mensaje de la noche anterior?

"Al cabo de unos minutos de la partida del vendedor, mi amigo Jack, quien me había sugerido que tomara el curso, vino a visitarme.

"Le conté sobre mi experiencia con el vendedor y rápidamente dijo: '¡No te preocupes! Ese señor fue echado de la universidad por conducta impropia cuando era estudiante. El diablo ha intentado usarlo para que te alejes del plan del Señor'. Fueron palabras oportunas y aseguradoras para mí, y terminé de preparar el formulario.

"Más tarde ese día recibí otro golpe. El médico local a quién visité para realizar el examen médico requerido, luego de examinarme, me asombró al decir: 'Lo lamento, pero no puedo aprobarte para ese curso. Estás en mal estado físico. Mi consejo es que vuelvas a pensar en tus planes'. Sus comentarios abruptos me hicieron tambalear.

"Finalmente decidí enviar los papeles de inscripción con una nota breve adjunta acerca de mi agotamiento, e indicando que tomaría el examen médico de nuevo luego de unas vacaciones que pensaba tomar. Más adelante, cuando tomé el examen, me dijeron que gozaba de muy buena salud".[1]

Arthur sirvió con distinción durante muchos años como director australiano de una gran misión. Esto debería servir de aliento a otras personas que encuentran leones en su camino mientras avanzan en la dirección que consideran la voluntad de Dios para sus vidas.

> No soy fuerte, no soy sabio,
> Y delante de mí hay muchos caminos
> Donde podría descarriarme;
> Así que cuando tengo que tomar una decisión,
> Ayúdame a oír tu voz,
> Y luego a obedecer.

## El elemento de misterio

Cuando Moisés estaba dando su mensaje de despedida a la nación de Israel, dijo lo siguiente:

> Las cosas secretas pertenecen a Jehová nuestro Dios; mas las revelaciones son para nosotros y para nuestros hijos para siempre, para que cumplamos todas las palabras de esta ley.
> *Deuteronomio 29:29*

Este versículo contiene tanto aliento como advertencia. Aliento, porque nos asegura que nuestro Dios ha revelado en las

Escrituras todo lo necesario para permitirnos llevar vidas bondadosas y gozosas. Advertencias, para que no nos volvamos presuntuosos e invadamos con arrogancia en áreas que son privadas de Dios y que Él no le ha placido revelar.

Somos criaturas finitas y como tales, no debemos esperar comprender todas las facetas de la sabiduría del infinito Dios creador quien nos instruyó:

> Porque mis pensamientos no son vuestros pensamientos, ni vuestros caminos mis caminos... Como son más altos los cielos que la tierra, así son mis caminos más altos que vuestros caminos, y mis pensamientos más que vuestros pensamientos.
>
> Isaías 55:8-9

Ya que esto es así, ¿deberíamos sorprendernos cuando a veces nos encontramos desconcertados y confundidos por los tratamientos de Dios con nosotros y el mundo? Hay "cosas secretas" que pertenecen solamente a Dios, y tendremos que esperar hasta la eternidad para su explicación.

Cuando Jesús estaba preparando a sus discípulos para su inmediata partida, les advirtió que serían confundidos y hasta tambalearían debido a algunas de las experiencias que estaban por venir. Pero Él prometió que en el momento adecuado —su momento—, ellos podrían comprender el significado de esas experiencias. Estas son sus palabras: "Lo que yo hago, tú no lo comprendes ahora; mas *lo entenderás después*" (Jn. 13:7, cursivas añadidas). Dios no siempre se explica a sí mismo. Desea que confíen en Él.

En una ocasión en la que enfrentaba una decisión importante, me topé con este párrafo acertado de la pluma de Samuel Chadwick, el gran predicador metodista. Tuvo un mensaje especial para mí.

Nos mueven los actos de Dios;
La omnisciencia no conlleva conferencia;
La autoridad infinita no deja espacio para la concesión;
El amor eterno no ofrece ninguna explicación;
El Señor nos perturba a voluntad;
Los arreglos humanos son ignorados;
Los reclamos a negociar se dejan a un lado.
Nunca se nos pregunta si es conveniente.

Así que podemos esperar que a veces tengamos que contentarnos con esperar la explicación futura del misterio de los asuntos de Dios.

Cuando Dios llamó a Abraham a los setenta y cinco años de edad para dejar su cómodo hogar en Ur de los caldeos y embarcarse en una vida nómada, él "obedeció para salir al lugar que había de recibir como herencia; y salió sin saber a dónde iba" (He. 11:8). Esto es característico de la fe que está dispuesta a moverse bajo órdenes secretas.

Durante la Segunda Guerra Mundial, cuando el viaje por mar era un tema precario debido a la cantidad de submarinos y minas, nuestro barco zigzagueaba en su rumbo. Le pregunté al capitán el motivo. Me dijo que por motivos de seguridad viajaba bajo órdenes secretas. Simplemente estaba siguiendo el curso planeado por sus superiores en cuya sabiduría y experiencia él tenía plena confianza. A veces nuestro Guía nos pide que viajemos bajo órdenes secretas, solo confiando en su amor y sabiduría.

## El incendio de Carey

William Carey y sus colegas en Serampore, India, enfrentaron un misterio tan devastador como nadie podría imaginar. Un fuego azotó los edificios que albergaban sus prensas de impresión, destruyendo diez años de trabajos de traducción de las

Escrituras. Se incendiaron diccionarios, libros de gramática y manuscritos en varios idiomas, que ningún dinero podía comprar, recopilados laboriosamente y con un gran costo. ¿Cómo podía el Señor soberano permitir que sucediera tal cosa? ¡De hecho es un misterio!

¿Cuáles fueron las reacciones de los afectados por la tragedia? Experimentaron la bendición de la que habló Jesús a los discípulos de Juan el Bautista cuando dijo: "y bienaventurado es el que no halle tropiezo en mí" (Mt. 11:6).

El primer sermón de Carey luego del incendio tenía como texto: "Estad quietos, y conoced que yo soy Dios" (Sal. 46:10). Tenía dos puntos:

1. Es el derecho de Dios disponer de nosotros como Él decida.
2. Es el deber del hombre conformarse con la voluntad de Dios.

Marshman, su colega, se refirió a la calamidad como "otra hoja de las maneras de la Providencia, llamando al ejercicio de la fe en Él cuya palabra, firme como las columnas del cielo, han decretado que 'todas las cosas les ayudan a bien, esto es, a los que conforme a su propósito son llamados' (Ro. 8:28). Por ende, fortalézcanse en el Señor".

La tragedia se volvió un triunfo. Fuller, quien era el amigo y representante en Gran Bretaña de Carey, le escribió:

> El incendio le ha dado a tu emprendimiento una celebridad que nada más, parecería, podría, una celebridad que me hace temblar... La rapidez con la que has podido reparar la pérdida y renovar tu impresión de las Escrituras es extraordinaria como si hubiéramos reparado tu pérdida pecuniaria en una semana.[2]

Todo lo que es, es de Dios, y será;
¡Y Dios es bueno! Que eso nos sea suficiente;
Descansando en confianza de niño sobre su voluntad,

Que mueve a grandes fines,
Sin obstrucciones estará el mal.

-*J. G. Whittier*

### Se necesita una guía

Es una ilusión común que el hombre es competente para dirigir su propia vida, para dominar su propio destino. Cada día las maravillas de la ciencia y del ingenio humano nos dejan sin aliento, pero lamentablemente los avances de la ciencia no han coincidido con los progresos de la moralidad. Los horrores de la Guerra del Golfo que está librándose mientras escribo no son una prueba convincente de la capacidad del hombre para controlar su destino ya sea en forma individual o colectiva. Innumerables vidas arruinadas dan un testimonio mudo, pero elocuente, de la incapacidad del hombre sin ayuda para dar forma a su propio destino.

Escribiendo por inspiración, el profeta Jeremías presentó la estimación divina de la competencia del hombre: "Conozco, oh Jehová, que el hombre no es señor de su camino, *ni del hombre que camina es el ordenar sus pasos...* Engañoso es el corazón más que todas las cosas, *y perverso*; ¿quién lo conocerá?" (Jer. 10:23; 17:9, cursivas añadidas).

El hombre sabio agrega su exhortación: "Fíate de Jehová de
todo tu corazón, y *no te apoyes en tu propia prudencia*"
(Pr. 3:5, *cursivas añadidas*).

"Los cálculos mejor pensados y el discernimiento más agudo nunca pueden ser adecuados para nuestra necesidad suprema, ni ser un sustituto del conocimiento de la mente divina". Para el cristiano, la dirección diaria es una necesidad indispensable. Pero la experiencia enseña que nadie que profese buscar el plan de Dios para su vida está sinceramente comprometido con hacer la voluntad de Dios si esta es revelada.

Un arquitecto una vez se quejaba de que muchos de sus clientes que le pedían que le diseñara una casa luego revelaban que la habían diseñado por sí mismos. Lo que realmente querían de él era su sanción del hogar que ellos habían planificado y el agregado de los necesarios toques arquitectónicos profesionales.

De alguna manera similar, muchos cristianos acuden al gran arquitecto de vidas, no tanto para descubrir y aceptar su plan sino para buscar su aprobación del propio. Están en realidad buscando consentimiento, no guía y dirección.

Se requiere más que la sabiduría humana si es que vamos a lograr decisiones correctas en las situaciones y relaciones complejas del mundo actual. Nuestra propia sabiduría es demasiado limitada, y nuestra visión a largo plazo, demasiado defectuosa.

Hay otro factor limitante. La disposición de los hechos no está en nuestras manos, sino en las de Dios. Con frecuencia nos hallamos en circunstancias sobre las que no tenemos control. No podemos pronosticar las acciones de los demás ni regularlas. En una hora puede cambiar toda la semblanza de la vida: Duelo, mala salud, despidos, caída del mercado bursátil, pueden cambiar todo el panorama. En estos días de recesión económica mundial, muchos que ahora gozan de un estilo de vida rico pueden repentinamente ser reducidos a la pobreza. *Las únicas certezas y realidades son las espirituales y las divinas,* así que regresamos a Dios.

> Enfrenté un futuro desconocido,
> No veía ninguna abertura;
> Oí sin el quejido del viento de la noche
> Que los días me eran oscuros.
> ¡No puedo enfrentarlo solo!
> ¡Oh, quédate cerca de mí!

En un lenguaje realista y contemporáneo, el apóstol Santiago vio una situación tal como la que muchos enfrentan hoy día.

"¡Vamos ahora! Los que decís: Hoy y mañana iremos a tal ciudad, y estaremos allá un año, y traficaremos, y ganaremos; cuando no sabéis lo que será mañana" (Stg. 4:13-14).

No somos inmunes a "las hondas y las flechas de la mala fortuna" simplemente porque somos cristianos. La misma lluvia cae sobre el justo y el injusto. El hecho de que Dios elogió a Job como un hombre "sin culpa y recto", no lo salvó del trauma de ver derrumbarse todo su mundo ante sus ojos. Pero debido a su confianza en la fidelidad y el amor de Dios nunca vaciló durante todo el drama, surgió de la tragedia enriquecido y no empobrecido.

Además, nos enfrentamos con un surgimiento masivo de fuerzas demoníacas, respecto a las cuales demasiados cristianos son miserablemente analfabetos. Cuando nos vamos acercando al final de la era, podemos esperar ver el cumplimiento de Apocalipsis 12:12: "Por lo cual alegras, cielos, y los que moráis en ellos... porque el diablo ha descendido a vosotros con gran ira, sabiendo que tiene poco tiempo". No necesitamos mirar muy lejos para ver ese cumplimiento.

Un reciente artículo periodístico contenía este párrafo:

> Una ola de fascinación por lo oculto se advierte en todo el país. Primero apareció hace años en el auge de la astrología. Pero hoy día se extiende desde satanismo y brujería hasta la ciencia... Los grandes casa editoriales han publicado decenas de libros sobre lo oculto y el campo relacionado de la parapsicología durante el último año... Una cantidad creciente de universidades en todo Estados Unidos están ofreciendo cursos sobre aspectos de lo oculto.

Necesitamos una sabiduría y un poder infinitamente más grande que el que tenemos para andar con seguridad a través de los campos minados que nuestro adversario ladino ha plantado alrededor de nosotros. Pero gracias a Dios, tenemos un Guía que ya las ha atravesado todas con seguridad, y nos ha prometido conducirnos a través de ellas también.

> Ni por un día
> Puedo discernir el camino;
> Pero esto lo sé por seguro,
> Quien da el día
> Mostrará el camino,
> Y allí iré seguro.
>
> <div align="right">-<i>John Oxenham</i></div>

### ¿Dios realmente guía?

Una de las señales seguras de la madurez espiritual en progreso es un creciente deseo de conocer a Dios y después de esto, de llegar a conocer su voluntad para nuestra vida. Esto resultó evidente en la experiencia del apóstol Pablo. Una vez que conoció al Señor resucitado en el camino de Damasco y se convenció de que Jesús era de hecho el Hijo de Dios y el Señor de todo, su reacción inmediata fue preguntar: "¿Qué haré, Señor?" (Hch. 22:10), sabiendo muy bien que la respuesta cambiaría por completo su vida. Fue su pasión y deleite ser el esclavo voluntario de Cristo. Esperaba recibir dirección y no quedó desilusionado.

Cuando al doctor E. Stanley Jones, eminente misionero de la India, le preguntaron: "¿Dios realmente guía?", él respondió: "¡Sería extraño que no lo hiciera! Él, que creó la lengua y nos dio el poder de comunicarnos entre nosotros, ¿no hablará y se comunicará con nosotros?"[3]

¿No sería raro que el que Jesús nos enseñó a llamar "Padre" no diera una dirección detallada a sus hijos que se la pidieran? La implicación es inherente a la propia idea de paternidad. Los que somos padres sabemos cuán contentos estamos si nuestros hijos vienen a nosotros cuando están perplejos y cuán felices estamos de darles una guía.

De entre muchos pasajes de las Escrituras que brindan una respuesta a la pregunta, estos son algunos representativos:

Te haré entender, y te enseñaré el camino en que debes andar; sobre ti fijaré mis ojos. (Sal. 32:8)

Porque este Dios es Dios nuestro eternamente y para siempre; él nos guiará aun más allá de la muerte. (Sal. 48:14)

Jehová te pastoreará siempre, y en las sequías saciará tu alma. (Is. 58:11)

Bueno y recto es Jehová... Encaminará a los humildes por el juicio, y enseñará a los mansos su carrera. (Sal. 25:8-9)

Cuando un escalador alpino desea escalar una montaña que no conoce, contrata los servicios de un guía experimentado y competente. Una vez contratado, el guía asume la responsabilidad del éxito y la seguridad del alpinista. Aún así, la responsabilidad final de la dirección reside en Él quien se convierte en nuestro Guía.

Es el pastor el que es responsable de conducir y proteger a las ovejas, no las ovejas mismas. Dejadas a su libre albedrío, las ovejas se pierden y quedan expuestas a los ataques de los depredadores. La parte de ellas es ser sensible y responder al llamado del pastor, y luego seguirlo a dónde él las conduce.

Este es el mismo ejemplo que Jesús utilizó para ilustrar la relación que existe entre Él y aquellos a los que llama "mis ovejas": "Yo soy el buen pastor; el buen pastor su vida da por las ovejas" (Jn. 10:11). "A éste abre el portero, y las ovejas oyen su voz; y a sus ovejas llama por nombre, y las saca... y las ovejas le siguen, porque conocen su voz" (Jn. 10:3-4).

### ¿Qué tipo de guía es Él?

Moisés tenía muchas ansias por conocer más íntimamente a Dios, conocer sus "caminos" para que él pudiera seguirlos. En otras palabras, él quería la dirección de Dios en las cosas más profundas de la vida. Así que oró: "Ahora, pues, si he hallado gracia en tus ojos, *te ruego que me muestres ahora tu camino*" (Éx. 33:13, cursivas añadidas). ¡De qué manera Dios respondió a su ruego! "Y Jehová dijo a Moisés: También haré esto que has dicho" (33:17). No había renuencia de parte de Dios.

Esto envalentonó a Moisés a pedir algo todavía más maravilloso: *"Te ruego que me muestres tu gloria"* (33:18, cursivas añadidas). Dios respondió tan prontamente como antes, pero de una manera inesperada. No puso a funcionar un espectáculo pirotécnico, sino que hizo algo que Moisés nunca olvidó. *Dios le reveló su carácter esencial*, porque la gloria de Dios es su carácter.

> Y Jehová descendió en la nube, y estuvo allí con él, proclamando el nombre de Jehová... ¡Jehová! ¡Jehová! fuerte, misericordioso y piadoso; tardo para la ira y grande en misericordia y verdad; que guarda misericordia a millares, que perdona la iniquidad, la rebelión y el pecado, y que de ningún modo tendrá por inocente al malvado.
>
> -Éxodo 34:5-7

*¡Este es el tipo de Dios que tenemos como guía!* Sin embargo, con demasiada frecuencia es mal interpretado y mal concebido como un tipo de ogro ascético, un aguafiestas celestial que se deleita en negarles a sus hijos lo que desean cuando acuden a Él en busca de dirección.

En su clásico *The Knowledge of the Holy* [El conocimiento de lo santo], A. W. Tozer subraya la importancia de una concepción correcta de Dios y el peligro de tener falsas ideas sobre Él.

> Una concepción correcta de Dios es básica, no solo para una teología sistemática, sino para la vida práctica también... Creo que no hay casi error en la doctrina o una falla en aplicar la ética cristiana que no pueda rastrearse finalmente a los pensamientos imperfectos e innobles de Dios.[4]

Si bien en el sentido más amplio Dios es incomprensible, Él ha condescendido de forma bondadosa a revelarse (en parte) en términos que podemos comprender: En el universo creado, en su mundo santo, y supremamente en la persona y obra de su Hijo.

1. *En el universo creado*

Los cielos cuentan la gloria de Dios, y el firmamento anuncia la gloria de sus manos. (Sal. 19:1)

El gran Jehová, entronado en su gloria,
Controla las órbitas del espacio;
Y el mundo al mundo proclama la historia
Del poder divino, y de la gracia sin parangón.
La tierra soberbia está ocultando su esplendor,
El mar elevará una canción innumerable,
El cielo soberbiamente oculta su esplendor,
La creación toda resuena su alabanza.

2. *En las Escrituras*

Dios ha dado una revelación más completa de sí mismo en su Palabra, que registra de manera comprensible todo lo que necesitamos saber acerca de su naturaleza y ser. Puede que no sea, y por cierto no lo será, todo lo que nos *gustaría* saber, pero es todo lo que *necesitamos* saber para permitirnos llevar vidas santas y gozosas. Además, Él ha enviado a su Espíritu que inspiró las Escrituras para guiarnos "a toda la verdad" (Jn. 16:13).

Los cielos declaran tu gloria, Señor,
En cada estrella brilla tu sabiduría,
Pero cuando nuestros ojos miran tu Palabra,
Leemos tu nombre en líneas más definidas.

*-Isaac Watts*

3. *En la persona de su Hijo*

La revelación suprema de Dios está en la persona de su Hijo, que formuló la asombrosa declaración: "El que me ha visto a mí, ha visto al Padre" (Jn. 14:9). Si queremos con ansias saber cómo es Dios, todo lo que tenemos que hacer es mirar a Jesús. Él es la revelación perfecta del carácter de Dios y el modelo perfecto para que lo imitemos.

Porque esto es así, toda dirección supuesta que no encaje con el carácter revelado y la enseñanza de Cristo es inmediatamente sospechosa y debe abandonarse. Josiah Conder expresó esta verdad en palabras nobles:

> *En ti más perfectamente expresadas,*
> *Brillan las glorias del Padre;*
> *Poseído de toda la deidad,*
> *Eternamente divino.*
> *Tú eres el valioso Cordero de Dios,*
> *Ante el cual toda rodilla debe postrarse.*

Título del original: Every Life Is a Plan of God: Discovering His Will for Your Life. © 1992 por J. Oswald Sanders y publicado por Discovery House Publishers, Grand Rapids, Michigan 49512. Todos los derechos reservados. 50 Edición en castellano: Descubra el plan de Dios para su vida. © 2006 por Discovery House Publishers y publicado por Editorial Portavoz, filial de Kregel Publications, Grand Rapids, Michigan 49501. Todos los derechos reservados.

Ninguna parte de esta publicación podrá reproducirse de cualquier forma sin permiso escrito previo de los editores, con la excepción de citas breves en revistas o reseñas.

A menos que se indique lo contrario, todas las citas bíblicas han sido tomadas de la versión Reina-Valera 1960. © Sociedades Bíblicas Unidas. Todos los derechos reservados.

EDITORIAL PORTAVOZ
P.O. Box 2607
Grand Rapids, Michigan 49501 USA

Visítenos en: www.portavoz.com

ISBN 0-8254-1621-3
1 2 3 4 5 edición / año 10 09 08 07 06
Impreso en los Estados Unidos de América
*Printed in the United States of America*

# DESCUBRA EL PLAN DE DIOS PARA TU VIDA

0-8254-1621-3

por J. Oswald Sanders

En este libro, el autor da a conocer los principios para entender la voluntad de Dios para nuestra vida. Por más de 75 años, el autor explicó estos principios a miles de estudiantes, misioneros, pastores y público en general alrededor del mundo. Sanders arguye que la clave para la búsqueda de la voluntad de Dios en nuestra vida es conocer a Dios. Su voluntad puede entenderse claramente si la busca. La encontrará y vivirá con confianza y dicha.

## OTROS LIBROS POR J. OSWALD SANDERS

Como enfrentar la soledad
0-8254-1669-8

Disfrutemos de intimidad con Dios
0-8254-1699-X

Liderazgo espiritual
0-8254-1650-7

Para más información acerca de estos libros visite nuestra página en la red:
www.portavoz.com

# Capítulo 3
# Ese suave murmullo

ROBERT P. BUFORD
Medio Tiempo
Editorial Vida

*La verdadera prueba de un hombre no es cuando él hace el papel que él quiere para sí mismo, sino cuando hace el papel que el destino tiene para él.*
**Vaclav Havel**

> Vino un viento recio, tan violento que partió las montañas e hizo añicos las rocas; pero el SEÑOR no estaba en el viento. Al viento lo siguió un terremoto, pero el SEÑOR tampoco estaba en el terremoto. Tras el terremoto vino un fuego, pero el SEÑOR tampoco estaba en el fuego. Y después del fuego vino un suave murmullo.
> 1 Reyes 19:11-12

No siempre le he prestado atención a mi vida. Para ser sincero, empecé a prestarle atención cuando alcancé los cuarenta años, y me encontré lleno de pánico por el éxito. Era el presidente y director general de una compañía de televisión por cable que gozaba de tremendo éxito. Estaba enteramente comprometido en un matrimonio bueno y maduro. Teníamos un hijo que era, como mejor pudiéramos llamar, un verdadero valor.

Y, por supuesto, había algo que me martirizaba: ¿Cómo era que podía ser tan próspero, tan afortunado y a la vez tan frustrantemente irrealizado?

Sabía perfectamente bien lo que creía acerca de las estrategias en los negocios y sus prácticas, las relaciones familiares y lo importante que son los amigos. Pero no había decidido cómo iba a reconciliar todos estos intereses que competían entre sí.

Y en cuanto al asunto más importante de todos, mi vida de fe, sabía lo que creía, pero no sabía realmente lo que planeaba *hacer* con lo que creía.

Fue entonces que empecé a luchar con lo que quería sacar del segundo tiempo de mi vida. Una idea sin forma pero irresistible me controlaba, la de que debería hacer que mi vida fuera sinceramente productiva, no simplemente lucrativa. Empecé a considerar las implicaciones de las épocas de mi vida y a escuchar el sonido apacible de la calma que irrumpe inesperadamente después de un incendio.

Empecé a hacerme preguntas como estas:

- ¿Estoy esperando escuchar la apacible vocecita?
- ¿Es mi trabajo todavía el centro de mi vida y de mi identidad?
- ¿Tengo una perspectiva eterna como el prisma a través del cual vea mi vida?
- ¿Cuál es mi propósito más real? ¿Mi vida de trabajo? ¿Mi destino?
- ¿Qué significa realmente «tenerlo todo»?
- ¿Cómo quiero que se me recuerde?
- ¿Cómo sería mi vida si realmente todo saliera bien?

En las Escrituras, Jesucristo predicó que había venido para que sus seguidores tuvieran vida abundante, plena. Eso es un sentimiento maravilloso. Y creo que muchas personas pierden este sentido creyendo que la religión es restrictiva y prohibitiva; que Jesús vino a fruncir el ceño y a regañar diciendo «¡No!» El Jesús que he llegado a conocer y amar me dirigía hacia senderos de una vida amplia, no por uno pequeño ni angosto. Me pedía que dijera en voz alta «¡Sí!» a una vida plena de significado.

Pero no escuché ese sí durante mi primer tiempo porque estaba demasiado ocupado para escuchar.

El asunto para mí no era cuestión de fe; recibí el don de creer en Dios a una edad temprana. Pero durante la mayor parte de mi primer tiempo yo estaba, para utilizar una metáfora deportiva, atascado en la segunda base. Considere el esquema siguiente:

La primera base es dar el paso sencillo e infantil de creer. Para mí fue muy sencillo aceptar que lo que Jesús dijo en la Biblia sobre sí mismo era verdad. Este paso implica lo que Kierkegaard llamó «un salto de fe». La fe no niega la razón, pero es diferente de ella. Acepta, como regalo de Dios, un conjunto diferente de capacidades. Sin fe somos espectadores ante los asuntos del corazón y del alma. Con la fe podemos engranar las otras dos capacidades, nuestro sentido racional y el emocional, en un viaje de crecimiento personal hacia la segunda base.

Para mí el viaje a la segunda base fue enteramente asunto de creer. Primeramente engranó el corazón y luego la cabeza. Llegar a la segunda base involucró un cambio del que la Biblia llama ser un «oidor de la Palabra» a ser un «hacedor de la Palabra», un cambio de ver la fe como un sistema de creencias que se lleva internamente hacia una fe expresada en la forma de una conducta de amor.

La fe que se expresa en un comportamiento es «una manera más excelente», de la cual San Pablo habla en su gran capítulo acerca del amor en 1 de Corintios 13, y que termina con «la fe, la esperanza y el amor». «Pero el mayor de todos es el amor», dice Pablo. La palabra griega traducida amor, es *ágape*, exactamente la misma palabra que «caridad». La caridad es la *expresión* del amor. Es como si la fe y la esperanza se adquirieran en el viaje a la segunda base equipándonos para el viaje del segundo tiempo, hacia el «home».

La tercera base concierne el convertirse en un seguidor al expresar nuestra fe en forma de trabajo concreto en un ambiente religioso, ya sea en una iglesia o alguna organización similar. Y finalmente llegamos al último período, el viaje al «home». Esta etapa implica convertirnos en lo que Gordon MacDonald llama Edificadores del Reino. Esto quiere decir encontrar la misión específica en el mundo que Dios ha diseñado para que la realicemos. Es lo que los griegos llamaban «destino»; es a lo que el poeta John Donne se refirió cuando dijo: «Ningún hombre es una isla en sí».

La segunda parte del cuadrangular de béisbol trata sobre las buenas obras. No está separado del todo de la primera mitad, la cual trata sobre el creer, sino que surge de ese creer y le da integridad. Parafraseando la famosa frase de Santiago, «la fe sin obras es muerta», yo la pondría de esta manera: «la fe sin obras muere». La vida de fe debe convertirse en una vida de responsabilidad individual. Las piernas y las manos deben seguir al corazón y a la cabeza, de lo contrario, el cuerpo no está completo.

Aunque Dios quiere vernos batear un cuadrangular, la mayoría de los cristianos nunca van más allá del creer. George Gallup, hijo, dice que 84% de los estadounidenses declaran ser cristianos, lo que debería ser suficiente para infundir valores bíblicos sólidos en todos los aspectos de la cultura. No dudo de las investigaciones de Gallup, pero debo decirle que casi no veo tanta evidencia de fe cristiana en nuestra sociedad. Creo que eso se debe a que la mayoría de nosotros estamos atascados en algún lugar entre la primera y la segunda base.

En la primera mitad de la vida apenas hay suficiente tiempo para ir más allá de la segunda base. Somos recogedores de caza, haciendo lo mejor que podemos para dar provisión a nuestras familias, para avanzar en nuestras carreras y para transmitir nuestras creencias y valores morales a nuestros hijos. Además, para la mayoría de los hombres —y ciertamente un número creciente de mujeres—, el primer tiempo nos halla en nuestra condición de guerreros. Necesitamos demostrarnos a nosotros mismos y a los otros, que podemos alcanzar algo grande, y la mejor manera de lograrlo es incrementando nuestro enfoque e intensidad.

Pienso en el primer tiempo como una temporada para desarrollar la fe y aprender más acerca de la manera singular en que la Biblia aborda el tema de la vida. El segundo tiempo, cuando la presión disminuye, parece ser el tiempo más adecuado en que la mayoría de las personas llegan a la segunda base y comienzan a *hacer* algo con la fe que han desarrollado. Así fue como me sucedió.

En *La Odisea*, la epopeya que cuenta de la vida de Ulises, hay dos grandes fuerzas que tiran de Ulises: el trabajo y la casa. Anhela llegar a la casa, pero disfruta de las batallas que se encuentra en el camino. ¿Siente usted que se identifica con él? Durante el primer tiempo nos sentimos también atraídos entre el deseo de estar con nuestras familias y la aventura de tratar de lograr nuestras carreras. ¿Será por eso que no oímos esa apacible vocecilla que nos llama hacia algo mejor?

El primer tiempo de la vida tiene que ver con obtener y ganar, aprender y recibir ingresos. La mayoría de las personas hace esto de las formas más comunes: obtienen una educación, entran en la fuerza laboral, crean una familia, compran una casa, ganan suficiente dinero para proveer lo necesario así como unas pocas cosas más que las imprescindibles, establecen metas y van tras ellas. Algunos persiguen el premio de una manera más espectacular y agresiva: ganar por medio de la intimidación; adquieren las cosas por compras internas y fusiones de compañías, haciendo lo que sea necesario para llegar a la cima. De cualquier modo, pocos dejan a la sazón tiempo para escuchar a Dios. Si tenemos algún interés espiritual, estos generalmente toman su forma típica al estilo del primer tiempo: sirviendo en el comité para la construcción del templo, dando clases en la Escuela Dominical u organizando el retiro anual para los hombres.

El segundo tiempo es más arriesgado porque tiene que ver con el vivir más allá de lo inmediato; tiene que ver con soltar la semilla de la capacidad creativa y la energía que ha sido implantada dentro de nosotros, regándola y cultivándola para que podamos ser abundantemente fructíferos. Implica invertir nuestros talentos en servicio a otros, y recibir así el gozo personal que viene como un resultado de esa inversión. Esta es la clase de riesgo por el cual los empresarios ganan ingresos excelentes la mayor parte del tiempo.

El verdadero empresario no es temerario ni requiere de un valor particular; meramente procura reunir y examinar tantos datos como sea posible acerca del mercado y el ambiente que quizás les impulse a tomar una decisión. Y entonces hay que tomar la decisión con rapidez. De igual manera, para que el segundo tiempo de la vida sea mejor que el primero, debe decidirse a dar un paso fuera de la zona de comodidad en la que vive, siendo su propio piloto. Debe luchar con su propia identidad, con la razón por la que cree lo que profesa acerca de su vida, y con lo que hace para darle significado y estructura a sus actividades y relaciones diarias.

Hay un riesgo en esta decisión: Al echar a un lado la manta de la seguridad que lo mantiene seguro y cálido en su zona de comodidad controlada cuidadosamente, tal vez tenga que dejar a un lado los marcadores conocidos y puntos de referencia. Podrá sentirse, por lo menos al principio, que está perdiendo el control de su vida.

A lo que digo: Eso le viene bien.

Realmente es muy bueno que usted ceda el control, y en el proceso recobrar el juicio, a los que le permiten estar atento a las aventuras de la vida y a sus recompensas.

Su futuro, especialmente en tiempos turbulentos como estos, por más fuerte que trate de dar en el clavo o los planes que haga, en sumo grado se sale fuera de su control. Esto es cierto no importa la época de la vida por la cual esté pasando. Pero quizás resuena más en aquellos que se acercan a los años de la mediana edad, como en mi caso en la década pasada.

Para mí la transición hacia la tarde de la vida fue un período empleado en reorganizar mi tiempo y mi tesoro, para reconfigurar mis valores y mi visión de lo que la vida podría ser. Representó más que una renovación; era un nuevo comienzo. Era más que una consulta de la realidad; era una proyección fresca y pausada hacia la cámara más santa de mi propio corazón, proporcionándome, por fin, la oportunidad de responder a los anhelos más profundos de mi alma.

Y fue así como resultó, un tiempo para plantar y un tiempo para desarraigar lo plantado; un tiempo de llorar y un tiempo de reír; un tiempo de endechar y un tiempo de bailar; un tiempo de buscar y un tiempo de perder; un tiempo de guardar y un tiempo de desechar. Ha sido el tiempo más importante en mi vida.

## Hasta ahora.

El escritor y director Norman Corwin, ya en sus ochenta, recientemente recordó su transición a la edad mediana en el libro *The Ageless Spirit* [El espíritu eternamente joven]:

Recuerdo ahora que el cumpleaños más difícil al que me enfrenté jamás fue mi cuadragésimo. Fue un gran símbolo porque le dije adiós, adiós, y adiós a la juventud. Pero pienso que el haber pasado por esa edad viene a ser como romper la barrera del sonido.

En verdad es un tiempo para descubrir, como lo tuvo George Bernard Shaw algunos años antes, como una prueba del sabor del «gozo verdadero» de la vida. Lo describió de esta manera:

Este es el gozo verdadero de la vida: el de ser utilizado para un propósito que usted mismo reconoce como poderoso, el de ser una fuerza de la naturaleza en lugar de un terroncillo egoísta y febril de padecimientos y querellas, quejándose de que el mundo no se dedica a hacerlo a usted feliz. Soy de los que opinan que mi vida pertenece a la comunidad entera, y mientras viva es mi privilegio hacer por ella lo que pueda. Quiero que se me utilice plenamente para cuando muera, porque mientras más fuerte trabaje, más tiempo vivo. Me regocijo en la vida para su propio bien. La vida para mí no es vela breve; es un tipo de antorcha espléndida que debo sostener por un momento, y quiero hacerla arder con tanto resplandor como sea posible antes de entregarla a generaciones futuras.

En la introducción le pedí que escribiera su propio epitafio para ayudarlo a comenzar a pensar sobre su segundo tiempo. Aquí hay una pregunta que lo ayudará a alcanzar esta misma meta:

Si su vida fuera absolutamente perfecta, ¿cómo le parecería?

Eso es algo sobre lo cual vale la pena reflexionar por un buen rato, porque el cuadro que surgirá es una foto instantánea que le ayudará a encontrar su gloria, su bendición. Pero será un retrato exacto solo hasta el punto en que escuche la apacible vocecilla que hay dentro de usted.

---

La misión de Editorial Vida es proporcionar los recursos necesarios a fin de alcanzar a las personas para Jesucristo y ayudarlas a crecer en su fe.

© 2005 Editorial Vida
Miami, Florida

Publicado en inglés con el título:
*Halftime*
Por The Zondervan Corporation
© 1994 por Robert P. Buford

Traducción: *Haroldo Mazariego*

Edición: *Rojas & Rojas Editores, Inc.*

Reservados todos los derechos

ISBN: 0-8297-4241-7

Categoria: Vida cristiana

Impreso en Estados Unidos de América
*Printed in the United States of America*

### Medio Tiempo

#### Autor: Bob Buford
ISBN: 0-8297-4241-7

El autor piensa que la segunda mitad de la vida puede ser mejor que la primera. Mucho mejor. Sin embargo, primero se requiere de tiempo para definir qué se quiere hacer con el resto de la vida. Este libro trata sobre este importante tiempo de transición, el tiempo en el que, dice el autor, «una persona se detiene a considerar qué cosa hará que los años que le quedan sean significativos y enriquecedores».

Si desea recibir gratis UNO de estos productos escríbenos a:
VIDA@ZONDERVAN.COM

31 DÍAS DE SABIDURÍA Y ADORACIÓN, INSPIRACIÓN DIARIA DE LA NVI,
EL HOMBRE RICO (DVD), PROMESAS ETERNAS PARA TI

WWW.ZONDERVAN.COM            WWW.EDITORIALVIDA.COM

# Secretos para una vida abundante

CAPÍTULO 4

# Cómo vivir conforme a la nueva naturaleza

*La salvación es más que haber aceptado a Cristo, es un desarrollo y crecimiento continuo en aquellos que le han reconocido como su Salvador personal.*

TOMMY MOYA
*Destinados para las alturas*
Casa Creación

> «Noventa y nueve por ciento de los fracasos vienen de personas que tienen el hábito de presentar excusas.»
>
> George Washington Carver (1864–1943), Botánico

Cuando llegué a la ciudad de Orlando, Florida, hace veinte años, nunca pensé que mi vida cambiaría tan drásticamente. Siempre tuve el sueño de ser un jugador de béisbol de grandes ligas y desarrollar mi actividad en el deporte. Pero, ¡qué sorpresa! Dios tenía planes conmigo que yo desconocía. Él tenía algo mejor que un bate y una bola, quería elevarme a una nueva relación y propósito de vida.

El propósito de Dios para todos los seres humanos es que puedan ser salvos y expresar la naturaleza de su salvación a través de una vida de victoria, abundancia, crecimiento, conocimiento y relación. En esencia, la salvación está compuesta por dos elementos inseparables. El primero está relacionado a un acto, el segundo a una experiencia. La salvación es más que haber aceptado a Cristo, es un desarrollo y crecimiento continuo en aquellos que le han reconocido como su Salvador personal.

El acto es la prerrogativa divina de la salvación. Dios en su misericordia y amor, conociendo nuestra incapacidad para salvarnos a nosotros mismos envió a Jesucristo al mundo a morir por los pecados de toda la raza humana. Esto es lo que conocemos como salvación por gracia.[1]

En la experiencia de la salvación es que nosotros tenemos participación. No es que le añade a lo que ya Dios ha hecho, sino que hace posible que se experimente. El depósito ya está hecho, lo que resta es utilizarlo.

El apóstol Pedro declaró que nosotros tenemos todo lo que pertenece a la vida y a la piedad por su divino poder.[2] Para maximizar lo que Dios nos ha dado en la salvación, el recipiente tiene que conocer su nueva identidad, potencial y beneficios como resultado de su nueva naturaleza en Cristo.

Descubrir los principios establecidos en la Escritura requiere diligencia, responsabilidad y el compromiso de aplicarlos en la vida cotidiana. La práctica de estos principios lanzará al creyente a un estilo superior de vida, caracterizado por buenas decisiones, mejores relaciones, dominio propio y un sentido de propósito y destino que lo mantiene enfocado en el plan de Dios para su vida. Esta nueva vida la podríamos llamar una *«vida próspera»*.

> *La salvación es más que haber aceptado a Cristo, es un desarrollo y crecimiento continuo en aquellos que le han reconocido como su Salvador personal.*

La prosperidad no es un accidente, sino la aplicación deliberada de los principios de la Palabra de Dios en cada área de la vida. Su vida no es un accidente o fruto de una casualidad. De la misma forma que estaba en la mente de Dios desde antes de la fundación del mundo y estableció un plan deliberado para salvarlo, de esa misma forma está diseñada la vida de las alturas.

No es un acto de suerte o magia sino la implementación e incorporación de los planes y propósitos de Dios para la vida.

El deseo del Señor es que vivamos la plenitud de su propósito. En el texto de Juan 10:10, declaró que había venido a darnos vida, y vida en abundancia. En el comentario de Jamieson, Fausset y Brown se hace la siguiente declaración al respecto: «Yo no vine a preservar la vida que ya poseen, sino a impartirles una vida que nunca han conocido y comunicársela en una forma exuberante y rica».

Esta declaración nos ayuda a entender que la salvación no es una mera experiencia religiosa, sino la transformación total, no sólo de la persona sino de todo su contexto de vida. Dios no solamente quiere que conozcamos la verdad, sino que seamos transformados por ella. Debemos recibir la verdad a un nivel mayor que una percepción mental, no solamente entenderla sino recibir la transformación espiritual que ella causa.

El Señor quiere ir más allá de una conversión por comprensión mental. Él quiere que tengamos conversión por causa de una comprensión espiritual. Hay gente que al finalizar los servicios del domingo, se acerca y me dice: «El mensaje estuvo muy bueno», pero al regresar a su vida cotidiana no cambia, porque lo que tuvo fue una percepción mental.

> *La prosperidad no es un accidente, sino la aplicación deliberada de los principios de la Palabra de Dios en cada área de la vida.*

Pablo le decía a los efesios que su oración era que Dios iluminara el espíritu del entendimiento de ellos para que pudieran comprender las riquezas de la gloria de su herencia (ver Efesios 1:18). Es más que oír, hay que pedir la asistencia del Espíritu Santo para que podamos ser transformados para cumplir con el propósito de Dios en nuestra vida.

## Enseñanzas con naturaleza

En muchas ocasiones, encontramos en la Escritura relatos expresados de diversas maneras, para que entendamos cómo Dios quiere que vivamos en el propósito por el cual nos salvó. Mediante recursos obtenidos de la naturaleza y los animales, nos presentó sus enseñanzas en forma de parábolas, alegorías y metáforas.

De esa manera nos ayudaba a comprender principios necesarios en la vida que nos conectan a una provisión de sabiduría y conocimiento. Cada una de sus enseñanzas nos conecta con nuestro destino en las alturas para disfrutar de esa vida abundante que Él vino a impartirnos.

Personalmente creo que una de las enseñanzas más poderosas que encontramos en la Palabra de Dios es a través del águila. De este animal podemos aprender grandes verdades espirituales. A través de sus nombres podemos identificar inmediatamente la maravillosa relación entre el águila y nosotros.

Por esa razón, intenté develar la relación entre el águila y la enseñanza que constantemente hallamos en la Escritura, la cual nos provee como modelo a esta majestuosa ave que se la conoce como «el monarca de los aires».

El águila de los tiempos bíblicos es la especie conocida en la zona de Israel, Palestina, como el «Águila real o Águila imperial». A través de los tiempos, el águila ha sido utilizada como un símbolo de fuerza, belleza, autoridad y libertad.

Cuando pensamos en el águila, imaginamos un ave fuerte, volando en libertad. La Biblia dice que cuando Dios sacó al pueblo de Israel de Egipto lo hizo «como en alas de águila» (ver Éxodo 19:4). Esta ave es el mejor ejemplo para representar la calidad o nivel de vida cristiana que Dios quiere para sus hijos.

## Naturalmente especiales

Lo primero en lo que me gustaría detenerme es en el color dorado del águila real. En la Escritura, el color oro tiene un significado muy especial, nos habla de la naturaleza del Señor y de la naturaleza del cristiano.

El apóstol Pedro declaró que «*nos ha dado preciosas y grandísimas promesas, para que por ellas llegaseis a ser participantes de la naturaleza divina*» (2 Pedro 1:4).

A través de este texto comprendemos que Dios dijo que Él iba a preparar un pueblo que tendría su misma naturaleza, su misma esencia: «Si yo soy del cielo, ellos serán del cielo», «Si yo vivo en las alturas, ellos habitarán en las alturas». Todo lo que Dios hace, lo hace compatible con su naturaleza. Por eso, usted y yo tenemos relación con Dios. Dentro de usted hay una naturaleza que se puede identificar con el Padre, que no necesita nada externo. Así como el águila no necesita que nadie la motive a volar, porque esa es su naturaleza para alcanzar las alturas, debemos volar de acuerdo a nuestra naturaleza. ¿Cuán alto está volando?

Es importante entender que esta misma declaración acerca de la naturaleza divina, elimina inmediatamente el pensamiento panteísta que considera a todo «Dios» o parte de «Dios». El texto nos indica que la promesa es llegar a ser participantes de la naturaleza divina, no que somos dioses o igual a Él.

La referencia es la naturaleza moral de Dios, y lo que significa es que todos los que nacen de nuevo participan de la misma naturaleza moral de Dios. Esto es, la misma visión, propósitos, pensamientos, sentimientos y principios de acción.

Tal vez usted considera que no está destinado para las alturas, y que además Dios lo deja solo para que logre alcanzar su meta. Sin embargo, el mismo que lo invita a elevarse le provee el medio para que pueda lograrlo. Él ha depositado en usted un tesoro de recursos que lo sacan de lo común y ordinario, y lo colocan en las filas de los vencedores. Es aquí donde comienza nuestra experiencia en la participación de la naturaleza divina. Nuestra conexión directa con Dios por medio de Jesucristo exige de nosotros la manifestación de quiénes verdaderamente somos en Él. Esta manifestación es resultado de saber quiénes somos y el potencial que Él nos ha dado.

El apóstol Pablo también declaró que los que han recibido la abundancia de la gracia y el don de la justicia, reinarán en vida por medio de Jesucristo.[5]

La naturaleza de algo produce expectativas. Nadie espera ver a un águila comportándose como una gallina, o a un caballo comportándose como una vaca.

> *Nuestra conexión directa con Dios por medio de Jesucristo exige de nosotros la manifestación de quiénes verdaderamente somos en Él.*

En el diseño original de Dios usted fue creado para gobernar, dominar, señorear y multiplicarse.[4] Esta expectativa del Creador hacia el hombre era muy natural, porque debería responder a la naturaleza para la cual fue creado. Los peces nadan, las aves vuelan, los perros ladran y el hombre gobierna. ¡Elévese!

La historia nos enseña que aquel propósito original fue interrumpido, pero no cambiado. Dios se había propuesto en sí mismo crear una clase semejante a Él, que compartiera su propia naturaleza moral y gobernara en el planeta que Él había creado para la raza humana. El hombre falla en su primera prueba de gobierno, peca y distorsiona la gloriosa imagen que Dios había puesto en él.

En su eterno amor y misericordia, Dios incorpora el rescate de aquel ser caído para restaurarlo a la condición original. Aquella restauración causaría que Dios mismo viniera al mundo en la persona de Jesucristo para pagar el precio de su rescate y dar un ejemplo de cómo vivir en esa nueva naturaleza, como resultado de un nuevo nacimiento.

En los Evangelios se registra la demostración divina y el ejemplo máximo de la expectativa del Creador hacia sus hijos. Cristo, en los días de su carne, vivió al máximo el propósito original del Padre, cancelando así la derrota del primer Adán y su efecto sobre nosotros.

Esto nos enseña que Cristo no vino a enseñarnos a morir, sino a pagar el precio de nuestra salvación, a mostrarnos las posibilidades de una nueva naturaleza e invitarnos con Él a las alturas. Por causa de su naturaleza, usted puede vivir una vida superior, de excelencia y en continuo progreso.

> *«Alabado sea Dios, Padre de nuestro Señor Jesucristo, quien nos bendijo con toda clase de bendiciones espirituales en los cielos* (alturas), *porque pertenecemos a Cristo»* (Efesios 1:3 – La Biblia al día, nota del autor).

## Dueños del aire

Me llamó la atención el otro nombre del águila por el cual también es conocido: «Águila imperial». La palabra «imperial» significa «suprema autoridad». La autoridad de esta ave en las alturas es inigualable. Por causa de su naturaleza es imperial, tiene autoridad y dominio de los aires, por eso se le llama «el rey» «el monarca de los cielos». Al cristiano que es como el águila se le ha dado autoridad de gobernar en la tierra.

Lamentablemente, la religión nos ha enseñado que nuestro reino es en el cielo. Estamos esperando que el Reino de Dios se manifieste y así reinaremos con Él en la gloria. Sin embargo, la Palabra nos dice que reinaremos en la tierra, y no será en «aquel día» sino en «este día», desde el momento que aceptamos a Jesús como Salvador personal.

Así como el águila domina y gobierna en los aires, el creyente debe de vivir una vida consistente con su nueva naturaleza. Cuando el diablo quiere bajarlo de la altura, usted debe saber cuál es su naturaleza. Cuando el enemigo quiera tenderle una trampa, usted debe saber qué es lo que compone su vida para que se vuelva a elevar.

La Palabra establece que Cristo nos ha hecho «*reyes y sacerdotes para Dios, su Padre*» (Apocalipsis 1:6). Los reyes están para reinar, para estar arriba, para ser cabeza y no cola, son para dominar y ejercer autoridad.

¡Salga de esa mentalidad que no le ha permitido elevarse!

> «*Pues si por la transgresión de uno solo reinó la muerte, mucho más reinarán en vida por uno solo, Jesucristo, los que reciben la abundancia de la gracia y del don de la justicia*» (Romanos 5:17).

Por causa de la muerte no podíamos elevarnos. Por la condición espiritual en la que estábamos no podíamos elevarnos. Tratábamos de volar y no podíamos. Por eso la religión, que es el intento vano de alcanzar a Dios, nunca lo logrará.

Sin embargo, el cristianismo es el intento de Dios de levantar al hombre donde Él está. Esa es la única forma de ser elevados a la posición original que el Padre había pensado para su pueblo.

Hemos creído cosas que nos impiden elevarnos. Por causa de nuestra fe en Cristo podemos en esta vida reinar con Él. Usted no es una víctima, se hace víctima. En Dios no hay víctimas, sino personas que vencen obstáculos por causa de la naturaleza por la que están compuestos.

Dios no quiere rehabilitar al hombre, sino transformarlo por el poder y la autoridad en Cristo.

> «*Aun estando nosotros muertos en pecados, nos dio vida juntamente con Cristo (por gracia sois salvos)*» (Efesios 2:5-6).

Este verbo refleja un continuo presente. Nos da vida constantemente porque por gracia somos salvos. Nosotros, que estamos intentando volar independientemente de Él, pero debemos saber que separados de Cristo no hay vida cristiana. Él es la suma de toda verdad espiritual. Separados de Él existimos, pero no vivimos. No oramos para tener una posición, porque ya la dio el Señor. No vamos a la presencia del Señor para ser más santos. No hay un texto en la Biblia que diga que la oración nos santifica. Somos santos porque Él nos hizo santos. No voy a la presencia del Señor para alcanzar más altura, porque no podré llegar más alto de donde Él ya me ha puesto. No puedo subir más allá de su trono. Pero es a través de una relación que comienzo a aprender cómo utilizar la autoridad y el poder que Cristo me ha dado. Tenemos que ser como el águila, ella es majestuosa, fuerte y libre, porque esa es su naturaleza.

> *En Dios no hay víctimas, sino personas que vencen obstáculos por causa de la naturaleza por la que están compuestos.*

## La fuente de fortaleza

Como el águila, el creyente encuentra la energía necesaria para vivir de acuerdo a su naturaleza en la dieta que practica. La primera lección que aprendemos del águila es su estricta dieta alimenticia. Consideremos algunos elementos importantes en la dieta del águila: Es muy selectiva, no come cualquier cosa, selecciona y planifica su dieta. No confía en lo que pueda encontrar, ella misma busca lo que quiere comer. Al encontrarlo, en la mayoría de los casos, luego de matar su presa se la lleva al nido y la come caliente, porque detesta la comida descompuesta, no le gusta el mal olor. El águila obtiene su fuerza de una presa viva, que es la Palabra del Señor.

> «*De modo que si alguno está en Cristo, nueva criatura es; las cosas viejas pasaron; he aquí todas son hechas nuevas*». (2 Corintios 5:17)

Estas características revelan uno de los misterios más profundos del Reino de los cielos.

## Una dieta balanceada

La primera lección que aprendemos del monarca de los aires es la importancia de una dieta balanceada. Si en lo natural somos lo que comemos, también en lo espiritual. Es un hecho comprobado que lo que comemos afecta nuestra personalidad, actitud y percepción de la vida. Una dieta pobre representa menor tolerancia hacia las enfermedades y presiones de la vida. Una persona que no se alimenta bien siempre está irritable. Los médicos siempre aconsejan que mantengamos una buena dieta. El estrés incapacita nuestro sistema nervioso, bloquea el sistema digestivo, dejamos de alimentarnos y esa debilidad nos hace propensos a cualquier enfermedad que nos rodea.

Uno de los grandes cambios que se están experimentando hoy es el regreso a comidas que presentan un mayor valor nutritivo, de acuerdo con el estilo de vida moderno. Estos cambios son resultado de la pobre calidad de salud de las personas en los países industrializados y años de negligencia en cuanto a la alimentación.

La dieta natural es un paralelo de la dieta espiritual. El águila nos enseña la importancia de mantener una dieta balanceada. Esta tiene que ser consistente con su nueva naturaleza y se extiende al área espiritual de nuestra vida, la cual debe incluir: congregarse, tener comunión con otros, la disciplina de la oración, la lectura de buenos libros, el estudio de la Palabra de Dios, la adoración, evangelizar, testificar y servir, entre otros. Sin una dieta balanceada el cristiano se expone a muchos peligros.

Está constantemente expuesto, porque se encuentra tan débil que cualquier cosa lo irrita, lo enferma, tiene sus emociones a flor de piel y cualquier cosa que ocurre lo pone nervioso. La debilidad espiritual es el resultado de una dieta pobre. Un cristiano que está débil espiritualmente no se reproduce, porque no tiene fuerzas. Tampoco puede discernir la verdad y mucho menos combatir contra sus enemigos, y se transforma en un blanco fácil. A este tipo de cristianos podríamos compararlos con otra ave: el buitre.

## Intoxicado como el buitre

El buitre es un ave que tiene características especiales, del cual podemos también recibir muchas enseñanzas.

El buitre hace su nido en los árboles muertos o en la tierra. Se caracteriza porque su cabeza no tiene plumas. Esto le ayuda para poder sumergir su cabeza dentro de cuerpos de animales muertos y mutilados y sacar su alimento.

Siempre comen lo que otros dejan. Nunca verá un buitre matando a su propia presa. Él toma la presa que el tigre cazó y luego de saciarse dejó abandonada por varios días. Después de darle vueltas por horas a su comida, desciende acompañado de otros buitres. No vive solo sino en comunidades, a diferencia del águila que vive solo.

> *La debilidad espiritual es el resultado de una dieta pobre.*

No es estricto con su dieta. Cuando desciende de las alturas a comer ese animal descompuesto come hasta que se intoxica de sangre y carne descompuesta. Esto le impide volver a volar, y en muchas ocasiones se convierte en presas de otros animales.

¡Qué diferencia tan marcada con el águila! Esta es la razón por la cual en la Biblia se utiliza su imagen como ejemplo de nuestra nueva naturaleza, y no al buitre con su estilo de vida desordenado. Hay cristianos que son como el buitre. Asisten a la iglesia, y cuando regresan a su casa miran una película condicionada. No son estrictos con su dieta. Se están intoxicando. Meten el pico en el mundo y comen de él, entonces cuando llega un problema y es necesario elevarse, no pueden. Es que está intoxicado, ha comido mucho animal descompuesto, mucho alimento que no produce vida espiritual en él. El peligro es que al no poder elevarse se transforma en presa, porque hay fieras que están buscando qué devorar.

> «Sed sobrios, y velad; porque vuestro adversario el diablo, como león rugiente, anda alrededor buscando a quien devorar» (1 Pedro 5:8).

Cuando el buitre está en grupo se siente un campeón. Va a la iglesia y junto a los demás, ora, se goza, pero cuando está solo siente la enfermedad espiritual. Trata de volar y no puede.

Usted debe ser muy estricto con su dieta espiritual, no debe prestar su oído a todas las dietas que hay en el mercado espiritual. Debe discernir a quién le presta su oído, porque la comida que ingiere determina cuán alto podrá elevarse luego.

El águila obtiene su comida en soledad, no se involucra con grupos que la puedan contaminar. El cristiano sano espiritualmente debe buscar su alimento espiritual en soledad. Aunque cuando hay uno débil, las demás águilas la ayudan. Muchas veces, los grupos nos animan a participar de actividades sociales que son sólo un entretenimiento y no aportan los nutrientes necesarios, y además puede llegar hasta contaminar su cuerpo a través de conversaciones que no conducen a nada. Lo animo a que examine las conversaciones de grupo. Cristo nos exhortó a cuidar lo que oímos.

Recuerdo cuando trabajaba en una gran compañía, durante la hora del almuerzo comía solo, porque lo que los demás relataban era lo que habían hecho el fin de semana en el bar. Es mejor estar solo y alto, que acompañado y siempre en la tierra.

El águila no se mueve en grupos sino sola. Hay momentos que Dios le va a indicar que tenga momentos de intimidad en soledad con Dios.

El buitre construye su nido en la tierra o en árboles muertos. Pero Dios dice que no hagamos riquezas en la tierra, sino que nuestras riquezas se encuentren en lugares altos donde nadie los va a tocar. El águila construye su nido en los lugares altos, donde nadie puede llegar.

> «Hijo mío, está atento a mis palabras; inclina tu oído a mis razones. No se aparten de tus ojos; guárdalas en medio de tu corazón; porque son vida a los que las hallan, y medicina a todo su cuerpo» (Proverbios 4:20-22).

Hay cristianos que vienen a pedir oración porque deben levantar vuelo. Entonces llamo a los ancianos de la iglesia y comenzamos a orar por ellos, porque se le hace difícil volar.

Entonces después de orar les pregunto: «¿Estás bien? ¿Vas a volar?» Y me responden: «Sí pastor, claro que voy a volar». Y todos dicen amén y amén. Pero cuando salen sacuden sus alas, pero no pueden volar. Es que están intoxicados.

¿Será nuestra debilidad espiritual el resultado de nuestra dieta? ¿Será que no podemos elevarnos porque estamos intoxicados con alimentos muertos de este mundo?

## LA CLAVE DEL ÉXITO

Es en este contexto de vida que el cristiano puede elevarse a nuevas alturas y cumplir el propósito para el cual fue creado. Sin una dieta espiritual balanceada el creyente se expone a muchos peligros y puede hasta abortar el potencial que Dios ha depositado en su vida. El fracaso de muchas personas no ha sido el resultado de un accidente, sino la acumulación y la negligencia de no hacer cambios y ajustes cuando era necesario.

En mi experiencia como pastor he tenido el privilegio de aconsejar a cientos de personas. Un patrón consistente en la vida de los que han experimentado serios problemas y aun han perdido familia, empresas y su propia salud, ha sido el no hacer los ajustes pertinentes cuando se necesitaban.

Algunos me han dicho: «Pastor, es que no creí que eso era necesario, es que fui muy negligente». En ocasiones, estas personas tenían el espacio para hacer ajustes y recobrar lo perdido, pero lamentablemente no siempre ha sido así.

Si el fracaso no es un evento sino un proceso, lo mismo sucede con el éxito. Hay personas que creen que el éxito es resultado de un evento individual o un acto de magia que lanza a las personas del fracaso al éxito. Pero el éxito es la práctica continua de buenas decisiones que producen buenos resultados y, como fruto, una mejor calidad de vida.

Este es el caso de uno de los jóvenes de nuestra iglesia, llamado Teddy. Él llegó a nosotros sin una experiencia de salvación. Como todo joven quería disfrutar de la vida a su manera. Pero lo que Teddy no sabía era que Dios tenía un plan poderoso para su vida.

Poco tiempo después entregó su corazón a Cristo y comenzó una nueva vida. Como resultado de ese paso de fe empezó a reorganizar su vida, aprender y aplicar los principios de la Palabra y tomar sabias decisiones. El fruto era evidente. Desde el comienzo disciplinó su vida de tal manera que hoy está felizmente casado con una linda joven llamada Wilmarie, y ya tiene una hermosa familia. Ambos tienen buenos trabajos y están preparándose para el ministerio.

La clave de todo esto es la diligencia, una vida disciplinada. La razón por la cual muchas personas no están viviendo su vida al máximo es porque no tienen disciplina. Tienen talentos, habilidades, recursos, llamado y aun la gracia de Dios para hacerlo, pero les falta ese ingrediente indispensable que es la diligencia.

Diligencia es atender lo que requiere atención, es tener un cuidado meticuloso. Una persona diligente es cuidadosa, planificadora, iniciadora. Esto significa que lo que usted necesita está a su alcance, pero tiene que ser diligente en lograrlo. Una persona diligente es persistente, responsable y disciplinada. Pero usted no será diligente hasta que no incorpore una disciplina que lo conduzca a una calidad de vida superior.

Lo opuesto a una persona diligente es una persona negligente. La negligencia es compañera de la procrastinación, que es dejar para mañana lo que hay que hacer hoy y camina de la mano con la pereza. Y finalmente será la pereza quien no le permitirá vivir conforme a su nueva naturaleza.

> *El éxito es la práctica continua de buenas decisiones que producen buenos resultados y, como fruto, una mejor calidad de vida.*

## Siete síntomas de una persona perezosa

El perezoso nunca cree que es vago, siempre racionaliza su condición y rehúsa aceptar que es así. Siempre dice que trabajaría si tuviera menos obstáculos, que está esperando condiciones laborales más favorables. Siempre tiene una razón para explicar por qué no está trabajando.

> «*En su propia opinión el perezoso es más sabio que siete que sepan aconsejar*» (Proverbios 26:16).

1. El perezoso toma decisiones fáciles en la vida.

La pereza le llega a personas normales que se rinden ante decisiones diarias. Duermen más de lo que deben, tardan mucho en comenzar algo, o pierden tiempo en cosas sin importancia.

> «*Un poco de sueño, un poco de dormitar, y cruzar por un poco las manos para reposo; así vendrá tu necesidad como caminante, y tu pobreza como hombre armado*» (Proverbios 6:10-11).

2. El perezoso rehúsa trabajar bajo condiciones difíciles.

> «*El perezoso no ara a causa del invierno; pedirá, pues, en la siega, y no hallará*» (Proverbios 20:4).

Si no corrige esta actitud puede convertirse en un hábito.

> «La pereza hace caer en profundo sueño, y el alma negligente padecerá hambre» (Proverbios 19:15).

3. El perezoso no valora la importancia del tiempo.

No tiene iniciativa. Su filosofía de vida es: «vivo el momento y no me importa el futuro». Se convierte en un esclavo del diligente.

> «La mano de los diligentes señoreará; mas la negligencia será tributaria» (Proverbios 12:24).

4. El perezoso no termina lo que comienza.

Para el perezoso todo trabajo es un problema, no una oportunidad. Aun mantener lo que tiene es una carga.

> «Un poco de sueño, cabeceando otro poco, poniendo mano sobre mano otro poco para dormir; así vendrá como caminante tu necesidad, y tu pobreza como hombre armado» (Proverbios 24:33-34).

5. El perezoso vive en un mundo de fantasías.

Estos deseos son peligrosos por ser destructivos.

> «Como la puerta gira sobre sus quicios, así el perezoso se vuelve en su cama» (Proverbios 26:14).

6. El perezoso es destructivo para la compañía que trabaja.

> «También el que es negligente en su trabajo es hermano del hombre disipador» (Proverbios 18:9).

7. El perezoso siempre tiene miedo.

> «Dice el perezoso: El león está fuera; seré muerto en la calle» (Proverbios 22:13).

## Llaves de la disciplina

En el libro *Leading an Inspired Life* [Cómo liderar una vida inspirada], Jim Rohn presenta la disciplina como la llave que abrirá la puerta de la bendición, las riquezas, la cultura, la mejor estima personal, el gozo, los logros, la satisfacción y el éxito.

*La primera llave de la disciplina es la concienciación de la necesidad y el valor de la disciplina.* Hasta que no tenga la necesidad de la disciplina para cambiar y mejorar la calidad de vida presente, no hará los cambios necesarios que lo impulsarán a una nueva dimensión de vida. Un cambio permanente requiere preguntarse: «¿Qué deseo? ¿Qué debo hacer para convertirme en una persona que vive conforme a su nueva naturaleza?».

Nadie puede hacer por usted lo que es su responsabilidad. Mucha gente no logra nada, porque siempre está esperando que otro haga lo que le corresponde hacer a ellos.

Viven la vida jugando a la suerte. Sin embargo, Dios lo ha llamado a elevarse y esto requiere dar pasos consistentes y firmes que se acerquen cada día más al propósito por el cual Cristo lo salvó.

Su salvación no fue provista para que viviera frustrado y quejándose. Él ha depositado en usted sueños, visiones y planes que tienen el potencial para elevarlo a nuevas dimensiones y darle sentido a su vida, pero tiene que disciplinarse.

*La segunda llave de la disciplina es la disposición.* No es cuestión de comenzar hoy y mañana rendirse. Es la deliberada decisión de mantenerse a pesar de los obstáculos, hasta que vea los resultados deseados.

*La tercera llave de la disciplina es el compromiso de vencer cualquier circunstancia en su vida.* Esta es la capacidad de maximizar cada oportunidad que se le presenta, buena o disfrazada con dificultades. Es la disposición de no rendirse, y creer que para los que aman a Dios todo obra para bien.[5]

## Siete recompensas del diligente

1. Será enriquecido

   «*La mano negligente empobrece; mas la mano de los diligentes enriquece*» (Proverbios 10:4).

2. Se le delegará autoridad

   «*La mano de los diligentes señoreará; mas la negligencia será tributaria*» (Proverbios 12:24).

3. Disfrutará de sus posesiones

   «*El indolente ni aun asará lo que ha cazado; pero haber precioso del hombre es la diligencia*» (Proverbios 12:27).

4. Será próspero

   «*El alma del perezoso desea, y nada alcanza; mas el alma de los diligentes será prosperada*» (Proverbios 13:4).

5. Tendrá ideas nuevas y será creativo

   «*Los pensamientos del diligente ciertamente tienden a la abundancia; mas todo el que se apresura alocadamente, de cierto va a la pobreza*» (Proverbios 21:5).

6. Alcanzará favor

   «*El que procura el bien buscará favor; mas al que busca el mal, éste le vendrá*» (Proverbios 11:27).

7. Recibirá honor

   «*¿Has visto hombre solícito en su trabajo? Delante de los reyes estará; no estará delante de los de baja condición*» (Proverbios 22:29).

De la misma forma que el perezoso tiene una recompensa de su comportamiento y actitud, así también el diligente. Sin duda, lo que diferencia al águila del buitre es su estilo de vida disciplinado. Lo que lo diferencia a usted de la gente promedio será su capacidad de disciplinarse y fijar su mirada en el objetivo.

Usted no ha sido diseñado para vivir en mediocridad, y mucho menos para ser una víctima de sus circunstancias.

Igual que el águila, comience a tomar mejores decisiones, a ser selectivo, a disciplinarse, a volar en las alturas. Su nueva naturaleza exige que se eleve. Hasta que no haga esto, vivirá frusrado en el sillón de lo que pudo ser y que nunca disfrutó. ¡Ha llegado su tiempo para elevarse!

Notas
 1. Efesios 2:5-6
 2. 1 Pedro 1:3
 3. Romanos 5:17
 4. Génesis 1:28
 5. Romanos 8:28

Destinados para las alturas por Tommy Moya
Publicado por Casa Creación
Una compañía de Strang Communications
600 Rinehart Road
Lake Mary, Florida 32746
www.casacreacion.com

No se autoriza la reproducción de este libro ni de partes del mismo en forma alguna, ni tampoco que sea archivado en un sistema o transmitido de manera alguna ni por ningún medio -electrónico, mecánico, fotocopia, grabación u otro sin permiso previo escrito de la casa editora, con excepción de lo previsto por las leyes de derechos de autor en los Estados Unidos de América.

A menos que se indique lo contrario, todos los textos bíblicos han sido tomados de la versión Reina-Valera, de la Santa Biblia, revisión 1960. Usado con permiso.

Copyright © 2005 por Tommy Moya
Todos los derechos reservados

Revisión y edición por: Gisela Sawin
Diseño interior por: Grupo Nivel Uno Inc.

Library of Congress Control Number: 2005925364
ISBN: 1-59185-476-8

Impreso en los Estados Unidos de América
05 06 07 08 09  9 8 7 6 5 4 3 2 1

# ¡Libros que impactan y transforman vidas!

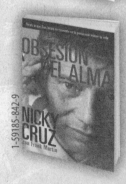

**Disponibles en su librería cristiana más cercana**
www.casacreacion.com • 1-800-987-8432 • 407-333-7117

# Secretos para una vida abundante

# CAPÍTULO 5
# A puertas cerradas

JACK HAYFORD
*Anatomía de la seducción*
Editorial Unilit

*Cuando alguno es tentado, no diga que es tentado de parte de Dios; porque Dios no puede ser tentado por el mal, ni él tienta a nadie; sino que cada uno es tentado, cuando de su propia concupiscencia es atraído y seducido.*
**Santiago 1:13-14**

> *La esencia misma del llamado que nos hace el Señor a la santidad tiene que ver con el compromiso del creyente a seguir una dirección determinada en la vida; tiene que ver con un adelantar constante en el camino del Señor.*

La comprensión de la anatomía del adulterio, y también de las etapas y el sigilo de la seducción, nos proporciona un mapa que nos ayuda a atravesar el campo minado de las trampas que nos tienden las tentaciones. El Espíritu Santo nos hará ver con mayor claridad estas señales de advertencia cuando tengamos que decidir entre servir a Dios, o a nosotros mismos, sobre todo con respecto a la moralidad de las prácticas y los hábitos cultivados «a puertas cerradas». Cuando nos tenemos que enfrentar a esos desafíos, las decisiones que tomamos en nuestra vida moral y de devoción son las que nos definen, o bien como discípulos disciplinados de Jesucristo, o simplemente como personas que creen en Él.

Permítame contarle la historia de Jeff, un hermano que quiso tomar la decisión correcta.

Jeff trajo el libro y lo puso sobre la mesa, aunque no había servido de gran cosa para consolarlo, o para validar el problema al que se enfrentaba. Nos reunimos para desayunar una mañana temprano en un café cercano a mi oficina, y nos sentamos en una mesa de esquina donde nadie más pudiera oír nuestra conversación. Jeff es un encantador hermano joven que ama de veras al Señor, y el libro había sido escrito por un autor cristiano que proponía que se debía considerar la masturbación como un punto de ajuste aceptable para la vida de un creyente hasta el matrimonio.

«Cuando leí este libro, pastor Jack», me dijo, «me sentí liberado. Pero entonces, todos los sentimientos confusos que tenía regresaron.» Después me habló de la condenación y la sensación de culpa que había sentido acerca de ese hábito. Había tenido la esperanza de que, al ofrecerse a sí mismo un alivio sexual solitario, esto conservara su virginidad para un matrimonio que quería que fuera un matrimonio cristiano feliz. Pero la sensación que tenía de estar violando la voluntad de Dios para su vida persistía, aun a pesar de aquel compasivo (aunque espiritualmente descaminado) permiso para continuar en esa gratificación personal.

Aunque comprendí el intento del autor por ser sensible ante el dolor y la frustración de las personas que se sienten habitualmente atraídas a la masturbación, la idea de que sea aceptable —solo porque haya gente sincera que se tiene que enfrentar a la tensión sexual y necesita ese «alivio»— es tan absurda como decir que *cualquier* expresión física está justificada con la excusa de «Así es como yo lo siento». La fuente de esta contradicción es una batalla muy antigua que sigue existiendo entre dos fuerzas diametralmente opuestas: el espíritu y la carne.

## Dos contendientes de pesos pesados: El espíritu contra la carne

> *Digo, pues: Andad en el Espíritu, y no satisfagáis los deseos de la carne. Porque el deseo de la carne*

*es contra el Espíritu, y el del Espíritu es contra la carne;*
*y estos se oponen entre sí, para que no hagáis lo que quisiereis.*
*Gálatas 5:16-17*

Entre las preguntas que hacen los creyentes que buscan orientación bíblica y moral con respecto a su sexualidad, están las que me hacen, tanto cristianos solteros como casados, acerca de una serie de prácticas en la que se incluyen la masturbación y el sexo oral y anal. En este capítulo quiero tratar el tema de la masturbación; puede encontrar más consejos sobre el tema en el Apéndice 4. Para comenzar a hablar de este tema, primero tenemos que ver lo que dice la Palabra de Dios acerca de la lucha entre *la mente carnal* de los seres humanos y la exigencia bíblica que nos hace el Señor Jesucristo para que caminemos en el Espíritu y vivamos bajo su control con la ayuda de su poder.

Aunque las Escrituras nos aseguran a los creyentes que «ahora [...] ninguna condenación hay para los que están en Cristo Jesús, los que no andan conforme a la carne, sino conforme al Espíritu» (Romanos 8:1), esta seguridad tranquilizadora va seguida del requisito previo de que no caminemos según la carne, sino según el Espíritu (v. 1). Este versículo no está hablando de los que *persisten* en el pecado, sino de los que tropiezan y, por medio del ejercicio de la confesión, el arrepentimiento y la renuncia, se alejan de él. Los que hemos creído en Jesucristo tenemos el privilegio de caminar sin condenación porque se nos ha prometido que «si confesamos nuestros pecados, él es fiel y justo para perdonar nuestros pecados, y limpiarnos de toda maldad» (1 Juan 1:9).

La esencia misma del llamado que nos hace el Señor a la santidad tiene que ver con el compromiso del creyente a seguir una dirección determinada en la vida; tiene que ver con un adelantar constante en el camino del Señor. Cuando estamos caminando «conforme al Espíritu», aunque a veces podamos tropezar y caer en algún tipo de pecado (no solo sexual), nuestros ojos, nuestro corazón y nuestra mente seguirán fijos en la meta espiritual.

Nuestro espíritu pasa por una lucha de vida o muerte contra la carne. La Biblia, para hacer resaltar esta lucha, describe la mente carnal como antagónica y hostil a Dios:

> Porque el ocuparse de la carne es muerte, pero el ocuparse del Espíritu es vida y paz. Por cuanto los designios de la carne son enemistad contra Dios; porque no se sujetan a la ley de Dios, ni tampoco pueden (Romanos 8:6-7).

En realidad, la mente carnal *siempre* se opone a Dios.

En este pasaje la Biblia no está hablando de Satanás o de los demonios, sino que está hablando de la mente humana, tan *entregada* a la convicción de que la carne se tiene que salir con la suya. La entrada de una mentalidad así en el pensamiento de algunos de los creyentes que están hoy en la iglesia (muchas veces por medio de libros como el que leyó Jeff) causa que esas personas justifiquen unas actitudes que corroen las convicciones, y que no son honradas en cuanto al significado del discipulado. En algunos casos, se desechan prohibiciones bíblicas como pasadas de moda y fuera de contacto con la sociedad contemporánea. Esta tendencia a la trivialización del pecado o de la carne, en esencia es una concesión destinada a legitimar la sumisión del creyente a expresiones de la naturaleza de Adán, la naturaleza del hombre caído, que no tienen nada que ver con la semejanza a Cristo.

Quiero que esto quede muy claro: No estoy contra los que se hallan atrapados en el hábito de la masturbación. Tampoco estoy sugiriendo que la masturbación sea una actividad de inspiración satánica, o algo que en sí mismo vaya a dañar a un alma o separar a un creyente del amor de Dios. Lo que quiero afirmar es que la masturbación es una cuestión carnal —que involucra la mente y la voluntad del ser humano— y que toda sumisión a la carnalidad es opuesta al mejor interés de cualquiera de nosotros que se haya comprometido a seguir al Señor Jesús. Las seducciones que surgen de la mente carnal —que pueden estar relacionadas con los apetitos en cuanto a sexo, dinero, prestigio o poder—, tal vez no destruyan el alma, pero sí podemos estar seguros de que van a ser un obstáculo para nuestro crecimiento hacia la madurez real y la eficacia espiritual.

En el servicio del Señor hay un gozo, una realización y unos frutos que están por encima de todo cuanto podamos imaginar. Una vida llena y formada por el Espíritu Santo en nosotros es algo que sobrepasa todo placer temporal que nos pueda proporcionar el que nos rindamos ante la seducción. Como ya hemos visto, la forma de disfrutar verdaderamente, y en su mayor plenitud posible, el don divino de la vida, consiste en vivir *de acuerdo con las leyes de Dios* y *dentro de sus caminos*.

> *Una vida llena y formada por el Espíritu Santo en nosotros es algo que sobrepasa todo placer temporal que nos pueda proporcionar el que nos rindamos ante la seducción.*

### La seducción del sexo solitario

Útil para nuestra comprensión, sobre todo en una sociedad que está redefiniendo constantemente sus valores a base de torcer el sentido de las palabras, es el revelador descubrimiento de la verdadera procedencia de la palabra «masturbación». Esta palabra procede del verbo latino *masturbari*, que se define en el diccionario de Oxford, el más completo del idioma inglés, como derivada de dos raíces, una es *mas*, que se refiere al miembro viril, y la otra, el verbo *turbari*, «perturbar». En el estudio de la palabra en sí, este diccionario explora su historia y observa que otra procedencia posible sería de las palabras *manis* («manos») y *stuprum* («profanación»). En otras palabras, el diccionario con mayor autoridad en el idioma inglés indica que es posible que la palabra «masturbación» se derive de la idea de profanación con la mano, y termina con esta definición directa: «Ultrajarse a sí mismo»[1]. (La definición general prácticamente en todas las obras de consulta es «manipular sus propios órganos genitales o los de otra persona para lograr la gratificación sexual»).

Ahora bien, para evitar confusiones, también quiero aclarar qué actividades *no* estoy incluyendo en esta definición. *No me estoy refiriendo a las poluciones nocturnas* (los «sueños húmedos»), que son la liberación natural del semen acumulado que se produce en los hombres por lo general como resultado de un sueño con fantasías sexuales. Hay quienes han sostenido que la masturbación no es más que una fantasía que se sueña, pero hay una diferencia radical entre la eyaculación involuntaria durante el sueño —que es una fantasía subconsciente no calculada por el que sueña— y la fijación consciente de la propia mente en unos pensamientos sexuales para usar después la mano a fin de liberar el semen que se produce.

*Tampoco me estoy refiriendo a las prácticas amorosas realizadas por acuerdo mutuo dentro del matrimonio.* Ha habido parejas que me han preguntado si en las Escrituras hay algo que indique que es incorrecto que ellos se estimulen mutuamente los genitales para producir el orgasmo durante la estimulación erótica previa al acto sexual, por ejemplo, o durante la menstruación de la esposa, o también al final del embarazo, cuando ella ya no es capaz de tener relaciones sexuales. Yo les respondo que no veo nada malo en esto, siempre que no se vuelva un sustituto de su expresión normal en sus comunicaciones sexuales futuras.

*Tampoco me estoy refiriendo al descubrimiento de sí mismo por parte de un niño pequeño.* Los padres necesitan reaccionar con sensatez a ese pequeño que está en la bañera y está comenzando a descubrirse y manipularse los órganos genitales. Si uno de los padres reacciona con asombro o con indiferencia, pueden seguir problemas a largo plazo. Es un verdadero desafío el que todos los padres tengan pensado de antemano cómo van a manejar una cosa así de una forma sencilla y natural. En todo caso, no se trata de masturbación.

Hay otra cosa a la que no me estoy refiriendo, y al llegar a este punto me doy cuenta de que estoy entrando en terreno sensible, porque no quiero dar la impresión en ningún momento de estar concediendo licencia, o sugiriendo una actitud descuidada con respecto a este asunto. Pero sí creo que hay una gran diferencia entre el hábito calculado de masturbarse por parte de un adulto, y *la apasionada autogratificación de un adolescente apasionado, que es seguida por una sensación de culpa*. De ninguna manea estoy insinuando que crea que es buena idea que los adolescentes se masturben. Tampoco creo que se deba excusar la masturbación como si solo fuera un rito que forma parte del crecimiento. Pero si le estoy hablando a un joven cristiano serio que está luchando o tiene conflictos internos a causa de la masturbación, siempre trato de manifestar paciencia y diferenciar las ocasiones aisladas en que no mantiene disciplina sobre sí mismo, y la gratificación habitual, estudiada y autojustificada, practicada sobre todo por una persona adulta o casada.

## ¿Liberación o rechazo?

> *Mas ahora, conociendo a Dios, o más bien,*
> *siendo conocidos por Dios, ¿cómo es que os volvéis de nuevo*
> *a los débiles y pobres rudimentos,*
> *a los cuales os queréis volver a esclavizar?*
>
> Gálatas 4:9

El libro que me mostró Jeff —y otros libros semejantes— sugería que la masturbación no es más que un alivio biológico necesario. Sin embargo, para los que hemos creído en Jesucristo, la cuestión está en si somos en primer lugar seres *biológicos* cuya naturaleza física dicta nuestra respuesta a lo que enseña la Palabra de Dios, o seres *espirituales,* que tenemos capacidad para recibir la plenitud del Espíritu de Dios y alejarnos de forma progresiva de la mente carnal del mundo que provoca la gratificación de nuestra carne.

Y en cuanto a esto, cuando hablamos del sexo solitario, ¿estamos hablando realmente de un alivio? ¿No sería más exacto hablar de un rechazo, el rechazo de nuestro compromiso con la Palabra de Dios, con las disciplinas que exige el caminar del creyente y con la plenitud de los propósitos de Dios con nosotros, nuestro destino y nuestra realización en la vida?

Al definir esas seducciones que se producen «a puertas cerradas», exhorto a todo el que haya creído en Cristo y se sienta en verdad interesado en crecer como discípulo del Salvador a ver que el sometimiento a la práctica, o el hábito, de masturbarse, en esencia equivale a rechazar la disciplina personal que le niega a la gratificación carnal el dominio de la mente, el cuerpo o el espíritu. Piense en estas tres cosas:

- *El sometimiento a la sensualidad.* Rendirse ante la carne; ante los apetitos corporales.
- *El sometimiento a la fantasía.* Rendirse ante las emociones del alma y la imaginación lujuriosa que ponen en peligro el corazón.
- *El sometimiento al engaño.* Fingir que ninguna de estas cosas tiene importancia alguna.

Este sometimiento, que termina en el engaño, lleva a quienes se someten a permitir que sea la descuidada posición del pensamiento mundano la que les de forma a su mente y su intelecto; una manera de pensar que acepta la inmoralidad sexual informal y la perversión como cosas normales. Sucumbir ante la fantasía y entregar de manera voluntaria la mente a sus vagabundeos y apetitos, es negarse a tomar en serio las palabras de Jesús con respecto al «pensamiento» de adulterio (véase Mateo 5:28).

A diferencia de esto, la Biblia nos llama, por ser discípulos de Jesús, a operar como quienes «tienen la mente de Cristo» (1 Corintios 2:16), mandato bíblico que se enfrenta a la práctica de la masturbación. Los escritores y consejeros cristianos que rechazan esta indicación que viene de Dios, ni se están tomando en serio este mandato, ni están teniendo en cuenta las consecuencias espirituales inherentes a la masturbación. Una vez más, esta práctica —aunque no separa el alma de la gracia salvadora, ni es una negación de que el creyente tenga la *intención* de crecer como discípulo—, es contraproducente para la madurez espiritual, emocional y mental de la persona. Lo que es legalmente tolerable para el creyente, y lo que es ventajoso desde el punto de vista pragmático y espiritual, son dos cosas distintas: «Todo me es lícito, pero no todo conviene; todo me es lícito, pero no todo edifica» (1 Corintios 10:23).

Con todo, la masturbación se ha convertido en algo ampliamente aprobado como *moralmente inocente* y *espiritualmente insignificante*. En un clima filosófico como el actual, que cada vez es más amoral, nunca podré urgir con suficiente fuerza para que nos enfrentemos con esta piedra de tropiezo que confunde con el indigno punto de escape que se está convirtiendo para muchos; un *escape* de la autodisciplina para *entrar* en una neblina moral que solo puede terminar en concesiones mayores, por lo general aventuras en la pornografía.

## El enfrentamiento con la cultura

Los líderes cristianos necesitamos ser sinceros con los datos que tenemos a mano. No nos podemos atrever a ceder ante una noción de tipo *cultural*, y permitir de esa manera que una gran cantidad de ideas erradas se esparzan por todo el cuerpo de Cristo. Dondequiera que se introduzca esa tendencia potencialmente contaminante, yo exhorto a que se realice una franca reflexión sobre tres afirmaciones que se oponen al lugar del sexo solitario en la vida de un discípulo de Jesucristo.

1. La masturbación, tal como la acepta la cultura de hoy, responde a una mentalidad mundana y conduce al pecado y la esclavitud personal.

El libro de Jeff afirmaba que la masturbación solo era el acto de amar a aquel a quien más amamos. Esta definición, que se vuelve foco de atención desde el mismo principio, va al corazón mismo del asunto: la naturaleza gratificante y centrada en sí misma de nuestra cultura, que adora al yo como si fuera un dios. Las Escrituras no nos llaman a odiarnos a nosotros mismos, ni a negar nuestras capacidades sexuales, sino a *entregarnos* a Jesucristo: «Amarás al Señor tu Dios con todo tu corazón, y con toda tu alma, y con toda tu mente» (Mateo 22:37).

Nuestro amor por Cristo nos dicta una obediencia total a las disciplinas que le impone su soberanía a nuestra vida; una obediencia en la cual nos ayudará a caminar el Espíritu Santo. Ese fluir de vida guiada por el Espíritu es el que trae un máximo de alivio en cuanto a toda felicidad y todo contentamiento que Dios quiso que tuviéramos, incluyendo nuestra sexualidad.

2. Toda actitud o práctica que se inclina a favor de la norma cultural de la masturbación como normal en un cristiano, o la acepta, ha adoptado una orientación mundana en cuanto a este tema.

Por noble que parezca, la proposición de que el sexo solitario es un método legítimo de mantener la virginidad es defectuosa y carece de mérito. En los años que he dedicado a aconsejar personas, he visto que quienes practicaban la masturbación antes del matrimonio tenían *más probabilidades* de violar la norma bíblica sobre las relaciones prematrimoniales, porque se habían formado el hábito de gratificarse en ese alivio sexual cuando eran tentados.

Lo que está en juego aquí no es si los cristianos se masturban, puesto que lo hacen, sino si debemos aceptar el sexo solitario como algo aceptable dentro de la conducta del cristiano. Está claro que aceptar esto sería aceptar la mentalidad del mundo, proposición a la cual se oponen las Escrituras:

Así que, hermanos, os ruego por las misericordias de Dios, que presentéis vuestros cuerpos en sacrificio vivo, santo, agradable a Dios, que es vuestro culto racional. *No os conforméis a este siglo*, sino transformaos por medio de la renovación de vuestro entendimiento, para que comprobéis cuál sea la buena voluntad de Dios, agradable y perfecta (Romanos 12:1-2, cursiva del autor).

La Palabra de Dios nos advierte directamente en cuanto a aceptar la mentalidad del mundo. Una vez que le permitimos a la tendencia de adoptar esa mentalidad que tome impulso en nuestra alma, los trágicos resultados que produce en el creyente se harán ver de forma inevitable: «Ciertamente, si habiéndose ellos escapado de las contaminaciones del mundo, por el conocimiento del Señor y Salvador Jesucristo, enredándose otra vez en ellas son vencidos, su postrer estado viene a ser peor que el primero» (2 Pedro 2:20). No lanzo este argumento con el fin de dedicarme a tácticas atemorizantes o que creen sentido de culpa, sino solo para afirmar que los sutiles lazos del adversario son hábilmente preparados y astutamente camuflados por la forma de pensar que tiene el mundo.

3. La masturbación gratifica de una forma egoísta y es potencialmente peligrosa.

Con frecuencia me han preguntado si el pecado de Onán era la masturbación. No; solo era egoísmo, pero lo llevó a la muerte.

Permítame relatarle esta historia de la Biblia, para después aclarar mi idea.

En Génesis 38:8-10 se nos presenta a Onán. Su hermano Er había muerto, dejándole a él la obligación de cumplir con la antigua costumbre de tener un hijo que le asegurara la continuidad de su herencia al hermano muerto. La práctica indicada era que el hermano que quedaba vivo «se llegara» (v. 8) a la viuda de su hermano, es decir, tuviera relaciones sexuales con ella, y la embarazara. El hijo le pertenecería a ella, pero no como hijo de su padre natural, sino como sustituto del padre muerto, con lo que quedaba garantizado que la familia mantuviera en el futuro sus derechos de propiedad de acuerdo con las leyes del país. Por supuesto, había implicaciones de tipo sexual en esta costumbre, pero su principal propósito era económico: proporcionar un medio para que la herencia y la propiedad de un hombre fallecido fueran pasadas a su familia.

Cuando murió su hermano Er, se esperaba de Onán que cumpliera con esta obligación para producirle un heredero. La Biblia dice que Onán sí aceptó el privilegio de tener relaciones con su cuñada; sin embargo, en lugar de dejarla embarazada, lo que hacía era quitarse antes de eyacular, de manera que su semen caía al suelo. La descripción que hace la Biblia del juicio de Dios sobre Onán por sus acciones, es más que brusca; es un enfrentamiento que da qué pensar.

Con todo, la cuestión no estaba en la simiente que derramaba, sino en el hecho de que no cumpliera con su responsabilidad moral de proporcionar un heredero para la casa de su hermano. La ira de Dios con Onán no se debió a que se masturbara, porque no es eso lo que hacía él, ni tampoco se debió al simple hecho de un coito interrumpido. Su motivo fue el egoísmo de Onán: (1) al aceptar el disfrute del encuentro sexual sin una preocupación genuina por la responsabilidad que lo acompañaba, y (2) por negarse a traer un niño al mundo, sabiendo que la existencia de ese niño, al mismo tiempo que no limitaba en nada la herencia del propio Onán, no permitiría que él se aprovechara para aumentar su herencia, como habría podido hacer si su hermano se quedaba sin heredero.

No perdamos de vista lo que tenía Dios en mente, porque de lo contrario, el juicio nos parecería indebidamente severo. En la cultura de aquellos tiempos, una mujer sin esposo ni hijo varón era una persona condenada a la pobreza y a las esclavitudes inherentes a ella. La acción de Onán no era ni con mucho tan perversa como su actitud: era una acción brutal, pero nacida de un egoísmo mortal; una mortandad que subraya la Biblia con el juicio manifiesto de Dios para destacarla más aun.

Es decir que, aunque el pecado de Onán no tiene aplicación directa a la masturbación, sí contiene un mensaje con respecto al peligro potencial presente en el sexo solitario y su consumación en sí mismo. El mensaje no es que pueda verificar que la masturbación es peligrosa para la salud mental o física, sino más bien que las fantasías que la acompañan invariablemente pueden llevar con facilidad a unas ilusiones sin límites y a la preocupación únicamente por llegar al orgasmo (esto es, la búsqueda del momento de placer sin la responsabilidad de relacionarse con los demás como personas). La inmadurez emocional que se alimenta por medio de la masturbación es camino abierto para que consideremos a las personas como simples objetos para que los utilicemos, y no personas que debemos valorar. Esto es cierto sobre todo cuando la masturbación va acompañada de pornografía, como sucede con tanta frecuencia. Y no es inconcebible que la gratificación repetida por medio del sexo solitario pueda llevar a una separación de la realidad que termina más tarde en brutalidad. Aunque esa brutalidad nunca se llegue a volver físicamente abusiva, yo he hallado que daña los matrimonios: por ejemplo, cuando un cónyuge priva a su compañero o compañera del verdadero gozo interactivo de la genuina entrega mutua, por haberse formado hábitos de pensamiento y práctica relacionados con el sexo solitario y la actitud de que «mi satisfacción es lo más importante de todo».

La masturbación es peligrosa, pero ciertamente no lo es a causa de las antiguas consejas populares de que produce verrugas o hace que la persona se quede ciega. Esas ridículas afirmaciones nunca han tenido razón de ser, y de su forma peculiar y popular, solo han servido para añadirle leña al fuego de esa misma tendencia carnal a convertir la masturbación en algo trivial, lo cual pone en peligro primeramente la verdadera madurez, y en segundo lugar, la dedicación a la autodisciplina.

El verdadero peligro que hay tras la aceptación del sexo solitario como normal (e incluso deseable) para «aliviar» es la forma en que refleja una actitud creciente entre muchos cristianos, y que no está dispuesta a enfrentarse a las exigencias de la cruz en la vida del creyente, ni al precio de la negación de sí mismo como disciplina para una vida santa. Estas concesiones abren a los cristianos al espíritu del mundo, y una vez abierta esa puerta le siguen con toda facilidad unos niveles cada vez más profundos de esclavitud. Esa esclavitud, de la que hablaremos en detalle al llegar al capítulo 5, es consecuencia de que la persona se haya metido voluntariamente en la trampa una y otra vez, pensando todo el tiempo: *Solo se trata de un alivio.*

### EVITAR LA CONDENACIÓN; ACEPTAR LA DISCIPLINA

«¿Es perdonable la masturbación?», preguntará usted. La respuesta es que sí. Esta afirmación me permite insistir más aun en que nada que hay en estas páginas ha sido pensado para alimentar la condenación, para presentarme como un crítico pagado de mi propia justicia o para darles recursos a una banda de legalistas como los fariseos, que estaban más deseosos de condenar a la gente por sus fallos en la vida sexual que por liberarla de su culpa y su esclavitud, como hizo Jesús. *Todos* los pecados sexuales son perdonables, pero el hecho de que un pecado sea perdonable nunca debe convertirse en motivo de despreocupación.

A Jeff le preocupaba saber si el hecho de que yo desaprobara el sexo solitario lo hacía a él inaceptable para mí. Sentí compasión de él y le respondí (y si es necesario, escúcheme *usted* también): «Jeff, yo nunca voy a dejar de aceptar a *nadie* que falle de *ninguna* forma». Dondequiera que sea, cada vez que un corazón sincero busca a un corazón comprensivo, yo creo que nosotros, los que hemos creído en Jesús, siempre tenemos la obligación de revelarle a esa persona el corazón amante de Dios, sin preocuparnos por lo quebrantada, confusa, atormentada o débil que esté esa persona. Jesús dice: «Todo lo que el Padre me da, vendrá a mí; y al que a mí viene, no le echo fuera» (Juan 6:37). Todos somos pecadores que necesitamos al Salvador, y la aceptación que demostremos entre nosotros se debe basar en esa situación común.

Sin embargo, *la aceptación de la persona* no se debe igualar a *la aprobación del pecado* con la suposición de que ese pecado no significa nada. Esta distinción entre aceptación y aprobación se ha vuelto nebulosa últimamente, tanto en nuestra cultura como en la propia iglesia. Aunque la Biblia no diga «No te masturbarás», los creyentes, que hemos sido llamados a ser discípulos tenemos la obligación de «despojarnos de todo peso y del pecado que nos asedia» (Hebreos 12:1). Jesucristo nos llama a ser suyos y a rechazar el peso muerto de la gratificación carnal, así como los caminos del espíritu del mundo, que nos atan al pecado.

Es decir que, en el espíritu del propósito de Cristo y el llamado que ha puesto sobre nuestra vida, estamos examinando aquí el contraste entre dos voces: la primera, el llamado de *nuestro Salvador* a una pureza práctica y a la santidad de vida como discípulos suyos; la segunda, el llamado de *nuestra sociedad* a la autogratificación, sobre todo con respecto a nuestra forma de comportarnos ante nuestros apetitos, impulsos, identidad y actuaciones sexuales.

## La confirmación de nuestro compromiso

Al terminar de responder la gran cantidad de preguntas que la gente me ha hecho acerca de la masturbación y también las objeciones suscitadas por los que han sugerido que se le debería dar menos importancia, ofrezco dos realidades prácticas más que he obtenido a base de buscar la luz de la Palabra de Dios y preguntarles a otros líderes igualmente comprometidos a crecer como discípulos de Jesucristo.

1. El sexo solitario viola un testimonio interior.

Permítame insistir en que, normalmente, no he sido yo quien ha traído a colación el tema de la masturbación en las sesiones de consejería. Ha sido la gente. Y me apresuro a añadir que ni en una sola ocasión, entre las numerosas personas a quienes les he ministrado en consejería (tanto creyentes como no creyentes), nadie ha dejado de reconocer la sensación interna de que la masturbación es por lo menos algo que se debe poner en tela de juicio, si no algo fundamentalmente incorrecto. No obstante, debo reconocer que los pastores y los consejeros me han dicho que, a causa de la paganización creciente de nuestra cultura, cada vez sucede esto menos, porque hay una cauterización general de la conciencia moral que se está produciendo a nivel de toda la cultura. Con todo, lo cierto es que quienes han creído en Cristo, una vez que nacen de nuevo por el Espíritu Santo, son llamados a una «renovación de la mente» (vea Romanos 12:1-2) y en la novedad de esa renovación, prácticamente todos ponen en duda o rechazan el sexo solitario.

Esto solo tiene explicación si se acepta la realidad obvia de que Dios ha puesto dentro de la psique humana una especie de monitor que dice: *Tú no fuiste construido para hacer esto.* Por eso, a pesar de la aprobación cristiana del sexo solitario que Jeff leyó en un libro, él sabía en su corazón que aquello no estaba bien. Según todo esto, tiene gran importancia que no andemos corriendo por las sendas de una autoindulgencia filosofada, sino que sea a Dios, y no a nuestra carne, a quien le demos el beneficio de cualquier duda que exista. Si la *conciencia* les exige responsabilidad a los no creyentes acerca de su relación con Dios, aunque no conozcan la Biblia (véase Romanos 1:20-21), ¡cuánto más nosotros debemos hacer caso del llamado del Espíritu Santo a dejar de realizar «obras muertas para servir al Dios vivo» (Hebreos 9:14)!

Aunque no se menciona de manera directa la masturbación como pecado, el testimonio interno del Espíritu le habla al alma con respecto a que se halla *dentro del espíritu* de los pecados que son nombrados claramente. Por ejemplo, entre las expresiones de pecado mencionadas en Romanos 1:18-31 (y en especial, los pecados cometidos en desafío directo al testimonio interno de Dios en la conciencia del no creyente), observe las implicaciones obvias para el sexo solitario en «las concupiscencias de sus corazones» (v. 24), «pasiones vergonzosas» (v. 26) y «fornicación» (esto es, una lujuria insaciable, v. 29). No tengo duda alguna de que aquellos que buscan incansablemente la forma de evitar esta responsabilidad ante su conciencia, siempre podrán hallar una forma de aprobar su propia gratificación. Pero aun aquí, la Palabra de Dios es implacable y habla de manera constante contra la *asélgueia* (la indecencia, el vicio; vea por ejemplo, Marcos 7:22; Romanos 13:13; 2 Corintios 12:21; Gálatas 5:19 y Efesios 4:19). Las distintas traducciones de la Biblia han traducido este vocablo de muchas formas distintas («lascivia», «lujuria» y «sensualidad», entre otras), y se usa para referirse a lo que es generalmente *indigno*; es decir, a todo lo que carece de valor. El mundo pasará por alto esta advertencia, pero el testimonio interno de ese don divino que es la conciencia trata de despertar en nosotros esta realidad para que podamos recuperar el sentido de lo que es verdaderamente *digno*.

2. El sexo solitario favorece el espíritu de lujuria.

El apóstol Pedro advirtió acerca del aumento de la lujuria hasta el punto de dominar sobre muchos en los últimos días, añadiendo la observación de que habrá burladores que desacreditarán la justicia: «En los postreros días vendrán burladores, andando según sus propias concupiscencias» (2 Pedro 3:3). La cultura de hoy no solo ha abandonado los principios de la integridad sexual de acuerdo a las condiciones de la Palabra de Dios, sino que también *favorece* el reemplazo de la moralidad sexual por la suposición de que la negación de sí, o abstención, es un gasto inútil de energía. (Hasta la misma expresión «sexualmente activo», puesta en contraste con «sexualmente inactivo», lleva en sí la insinuación de que negarse a sí mismo equivale a desconectarse de la vida real). Es triste reconocer, aunque sea perturbadoramente comprensible como señal de los tiempos, que cuando abundan esta disposición de ánimo y esta mentalidad, haya quienes defiendan el sexo solitario dentro de la comunidad cristiana. Mientras tanto, con la facilidad de acceso a la pornografía en una increíble abundancia, como medio para estimular y finalmente cegar a los creyentes encadenados por las fantasías del sexo solitario, la puerta se encuentra abierta de par en par a las inevitables complicaciones producidas por todo tipo de concesiones morales o de corrupción en el alma.

> Entonces la concupiscencia, después que ha concebido, da a luz el pecado; y el pecado, siendo consumado, da a luz la muerte (Santiago 1:15).

Después de haber presentado en el capítulo 2 la forma tan seria en que ve Jesús la «mirada lujuriosa», que es más que una simple mirada, sino más bien una inversión de la mente en el juego sexual con la persona imaginada, no podemos dejar de enfrentarnos a la colaboración que suele haber entre el sexo solitario por una parte, y por otra, la fantasía y la pornografía. No hay razón alguna para que nos engañemos a nosotros mismos: las revistas sexualmente provocativas no se compran solo para mirarlas; se las abre y estudia millones de veces al día para favorecer la fantasía durante una masturbación. Peor aun; mientras las personas se entregan a «hacer la voluntad de la carne y de los pensamientos» (Efesios 2:3) bajo la forma de la masturbación, los espíritus demoníacos de este mundo están manipulando la situación. Los peligros que tiene el sometimiento al adversario, por este medio o por cualquier otro que «dé lugar al diablo» (Efesios 4:27), consisten en que una unión de la mente, aunque sea momentánea, con las tinieblas, pone a la persona en riesgo de que aquello se convierta en una esclavitud a largo plazo. La masturbación y la pornografía son socios impíos dentro de los planes del enemigo para destronar a Jesús en la vida del creyente.

> La masturbación y la pornografía son socios impíos dentro de los planes del enemigo para destronar a Jesús en la vida del creyente.

## Terminar la carrera en victoria y pureza

> *Amados, yo os ruego como a extranjeros y peregrinos, que os abstengáis de los deseos carnales que batallan contra el alma.*
> 1 Pedro 2:11

Puesto que las Escrituras nos llaman a dejar de lado aquellas cosas que no conduzcan al crecimiento cristiano, nos debemos sentir en la obligación de preocuparnos lo suficiente por el llamado de Dios como para hacer esto. El apóstol Pablo nos dice que prosigamos «a la meta, al premio del supremo llamamiento de Dios en Cristo Jesús» (Filipenses 3:14). De la misma forma, en Marcos 4:18-19, Jesús usa los «espinos» como imagen de «los afanes de este siglo, y el engaño de las riquezas, y las codicias de otras cosas [que] ahogan la palabra». Es una imagen muy pintoresca del poder perforador, penetrante y destructor de la lujuria. El Señor termina haciendo ver que el resultado es una vida «infructuosa» (v. 19).

La exhortación de Pablo a Timoteo, su joven discípulo convertido en pastor, comprende un llamado (dirigido a él y también a nosotros): «Huye [...] de las pasiones juveniles» (2 Timoteo 2:22). No estoy sugiriendo que Pablo estuviera pensando en ninguna tentación de lujuria en particular. No obstante, ¿quién habría de negar, sobre todo en la cultura de hoy, que es sexualmente invasora (no solo tolerante), que la indiferencia social hacia la práctica moralmente debilitadora del sexo solitario conduce de forma directa a los esquemas de otras gratificaciones más destructoras aun? Hablemos con franqueza: ¿Hay alguna lujuria juvenil más comúnmente reconocida que la masturbación? Es algo que acosa a casi todo el mundo. Muchos de nosotros, al huir de ella siendo adolescentes, caímos de bruces. Esto no la justifica (ni nos descalifica a nosotros), pero si seguimos moviéndonos en fe hacia la meta fijada por el Espíritu del Señor, y no por el espíritu del mundo, podremos vencer y decir que hemos peleado la batalla y terminado la carrera triunfantes y puros.

## Defienda su corazón para Dios

¿Cómo podemos defender nuestro corazón contra la mentalidad del mundo, que trata de desplazar el fundamento que tenemos en Cristo hacia cosas que están tan lejos de ser valiosas o sustanciales?

*En primer lugar, hay que tomarse en serio la masturbación.* Tómesela lo suficientemente en serio para no aprobarla ni discutir a favor de ella; lo suficientemente en serio para reconocerla como problema y confesarla como pecado. Hemos dicho con claridad que el creyente que practica el sexo solitario no se halla bajo la condenación de Dios. No obstante, yo sé que la mayoría sienten convicción, porque el Espíritu Santo trata de llevar adelante a cada uno de nosotros hacia la madurez y un estilo de vida triunfante, y necesitan responder a esa convicción. Recuerde siempre que la convicción y la condenación son dos cosas distintas: La *convicción* consiste en que el Espíritu Santo nos llama a algo mejor, indicando su tristeza por lo que no está agradando a Cristo, y su propósito de desprendernos para llevarnos a las cosas que son las mejores para nosotros como seguidores de Jesús. En cambio, la *condenación es un instrumento del adversario,* que siempre trata de crear dudas o temores calculados para alejarnos de Dios; su meta consiste en obsesionar nuestra alma con la incertidumbre o las dudas sobre si Él realmente nos acepta y nos ama.

*En segundo lugar, no permita que el tema de la masturbación se convierta en una preocupación notable, ni en una barricada contra el sentido común.* Aunque este tema merece que se lo tome en serio, nunca reaccione con una conmoción, con críticas o con juicio cuando oiga hablar de él. Si reacciona con una conmoción, solo va a hacer más profunda la curiosidad del niño pequeño, crear temor y culpa en el joven sensible y tal vez provocar la rebelión de la persona joven que ha confiado en usted. Durante los primeros años de la adolescencia si se tratan con poca comprensión las poluciones nocturnas ocasionales de un jovencito y otras respuestas suyas, esto puede dar por consecuencia una actitud falta de naturalidad acerca de su cuerpo o de su sexualidad.

> *El compromiso de seguir a Jesucristo comprende el que respondamos a su llamado para que nos neguemos a nosotros mismos.*

He dicho con claridad que este capítulo no tiene que ver con el enfrentamiento a incidentes nacidos del descubrimiento de sí mismo, ni tampoco es para defender la posición de que todos los maestros cristianos de adolescentes introduzcan este tema como «causa», o incluso se molesten en sacarlo a la luz pública, a menos que se les pida. Mi objetivo es fijar convicciones con respecto al cristiano como discípulo y el hecho de que el compromiso de seguir a Jesucristo (que es mucho más que poner nuestra fe en Él) comprende el que respondamos a su llamado para que nos neguemos a nosotros mismos. Mi meta es que desechemos las actitudes de despreocupación acerca de la masturbación, y no crear la monstruosidad de convertirlo en un tema exagerado, motivo de risa y de sensacionalismo, entre los jóvenes de nuestras iglesias. No obstante, los hombres jóvenes y adultos que están en proceso de maduración necesitan aprender el principio bíblico del discipulado: «Cuando ya fui hombre, dejé lo que era de niño» (1 Corintios 13:11).

Si el hábito del sexo solitario ha sido un punto de batalla en la vida de alguien que usted conoce, o de alguien que le pide ayuda, hay tres pasos que se pueden dar para llevarlos de forma progresiva a la libertad.

1. **Lleve el problema a la cruz de Cristo para lograr su purificación; entonces, si es necesario, busque el poder de la cruz para pedir la liberación de las esclavitudes que puedan quedar.**

La cruz es el lugar donde se nos han proporcionado el perdón de todos nuestros pecados conscientes y la liberación de todas las esclavitudes que nos queden. Allí es donde hallaremos libertad con respecto al pasado y esperanza con respecto al futuro (véase Romanos 6:10-14; 1 Juan 1:9; Apocalipsis 1:18).

2. **Deje que sea el amor de Jesús el que saque fuera la culpa, el temor y los pensamientos atormentadores.**

Nada les da tanto lugar al insistente poder de la tentación ni a los intentos del diablo por mantenernos asidos en las garras de los hábitos pasados, como el temor de haber «fallado de nuevo». La senda para permanecer en victoria muchas veces es una lucha en zigzag, subiendo y bajando cuestas, dando tres pasos hacia delante y dos hacia detrás. No permita que las luchas y los retos inherentes al proceso de la guerra espiritual se conviertan en puntos de desesperación. Confíe en que Jesús lo va a seguir ayudando a vencer. Al mismo tiempo que se niega a consolar a su carne, no deje de permitir que su alma reciba una generosa cantidad de consuelo. Jesucristo llega con amor para llevarle a cada uno de sus discípulos la libertad, tanto de la culpa que paraliza como de la carnalidad comprometedora. El que Dios lo acepte no se debe a que haya llegado a la perfección, sino a que ha escogido una dirección: buscar una vida triunfante en Cristo.

### 3. Camine sin cesar hacia las cosas del Espíritu de Dios.

Mientras camina sin parar hacia las cosas de Dios, descanse en el amor que Él le ofrece y que se va a asegurar de que conozca la paz y la satisfacción de todo lo que Él quiere para su vida (véase 1 Juan 4:18). Reciba al Espíritu Santo como Ayudador y Capacitador al llevar adelante todas las partes de su vida como discípulo de Jesús. Permita que la verdad viviente de la Palabra de Dios se convierta poderosa en la promesa que ha recibido: «Si el Espíritu de aquel que levantó de los muertos a Jesús mora en vosotros, el que levantó de los muertos a Cristo Jesús vivificará también vuestros cuerpos mortales por su Espíritu que mora en vosotros» (Romanos 8:11).

El Espíritu Santo ha venido para «glorificar a Cristo» y hacerlo de tal forma que «Cristo en usted» se convierta en «la esperanza de gloria» (Colosenses 1:27); es decir, que Dios le ha prometido la certeza de la victoria en la vida y el triunfo sobre la carne y el diablo.

Amado hermano, tómese en serio la promesa de Jesús y siga adelante en fe. Esto es lo que Él dice: «Si vosotros permaneciereis en mi palabra, seréis verdaderamente mis discípulos; y conoceréis la verdad, *y la verdad os hará libres*» (Juan 8:31-32, cursiva del autor).

Publicado por
**Editorial Unilit**
Miami, Fl. 33172 Derechos reservados

© 2005 Editorial Unilit (Spanish translation)
Primera edición 2005

© 2004 por Jack W. Hayford
Originalmente publicado en inglés con el título: *Anatomy of Seduction, The*
por Regal Books, una división de Gospel Light Publications, Inc.
Ventura, California 93006, USA
Todos los derechos reservados.

Ninguna parte de esta publicación podrá ser reproducida, procesada en algún sistema que la pueda reproducir, o transmitida en alguna forma o por algún medio electrónico, mecánico, fotocopia, cinta magnetofónica u otro excepto para breves citas en reseñas, sin el permiso previo de los editores.

Traducción: Dr. Andrés Carrodeguas

Citas bíblicas tomadas de la Santa Biblia, revisión 1960 © Sociedades Bíblicas Unidas. Usadas con permiso.

Producto 495391
ISBN 0-7899-1310-0
Impreso en Colombia
*Printed in Colombia*

# Una revolución del alma

que te permite apropiarte de los sueños, que Dios tiene para tu vida

**Despertar**
0-7899-1185-X
496757

**Lo mejor de McManus**

## Atrévete

a vivir una vida de aventura

**Atrape su momento divino**
0-7899-1145-0
496738

disponibles en su librería más cercana

Erwin R. McManus

lo invita de forma franca a unirse a la revolución del alma

Publicamos para la familia
www.editorialunilit.com

# Secretos para una vida abundante

CAPÍTULO 6

# ¿Cuáles son tus motivaciones?

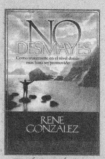

René González
¡No Desmayes!
Editorial Vida

*No permitas que tu visión te distorsione, deja que el espíritu de Dios trabaje en tu interior, y así podrás llegar al próximo nivel...*

> *No desmayes ante la situación. No sedas ante las maquinaciones de este mundo. No te distraigas en el camino y sigue firme, tú tienes un destino, no necesitas usurpar ministerios ni posiciones, porque desde antes de la fundación del mundo hay una agenda para ti. Dios no está improvisando con tu futuro.*

Estoy seguro de que alguna vez habrás escuchado los siguientes nombres: *Lucifer, La Torre de Babel, El Titanic, Los Beatles...* o quizás hayas estudiado la historia de alguno de ellos, si es así, deseo que al leer este capítulo puedas cuidar tu corazón, para que no te dejes influenciar por la ansiedad de alcanzar lo que no has alcanzado, por el recuerdo de lo que pudo ser y no es, y mucho menos, por la presión de grupo.

No permitas que tu visión te distorsione, deja que el espíritu de Dios trabaje en tu interior, y así podrás llegar al próximo nivel... Echemos un vistazo cuidadosamente a lo que pasó con cada uno de ellos. Evita que te suceda lo mismo.

## Lucifer

Su nombre significa luz o lucero de la mañana. Hoy día se le conoce como Satanás o Diablo. Estaba en la presencia de Dios.

Estaba rodeado de esplendor y de gloria. Ocupaba un lugar de excelencia, pero se halló maldad en él.

> *¡Como caíste del cielo, oh Lucero, hijo de la mañana! Cortado fuiste por la tierra... Tú que decías en tu corazón; subiré al cielo; en lo alto, junto a las estrellas de Dios, levantaré mi trono, y en el monte del testimonio me sentaré, a los lados del norte; sobre las alturas ... subiré, y seré semejante al Altísimo* (Isaías 14: 12-14).

Esto pone en evidencia de dónde provino la caída de Satanás; provino de sus motivaciones. Él quería tener su propio trono, y además, ser igual o más que el Altísimo. Aquí hay un detalle muy importante. Nosotros, como hijos de Dios, tenemos el derecho de adquirir toda bendición en el cielo y en la tierra. En Efesios 1:3-4 dice: *Que nos bendijo con toda bendición espiritual en los lugares celestiales en Cristo, según nos escogió en él antes de la fundación del mundo.*

Imagínate, nosotros que no hemos estado en el cielo, y que todo lo que alcanzamos es por fe, en cambio Lucifer, que estuvo allí, y que fue rodeado de toda esa gloria, aún así, se halló maldad en el ¡Cuídate...!

## La Torre de Babel

No podemos negar que la Torre de Babel fue una gran hazaña, un logro humano espectacular. La historia reconoce que fue una de las maravillas del mundo, pero, su objetivo era honrarse ellos mismos; ellos construyeron la Torre de Babel para su propia grandeza, no para honrar al Dios que le había dado la vida.

> *Y dijeron: Vamos, edifiquémonos una ciudad y una torre, cuya cúspide llegue al cielo; y hagámonos un nombre, por si fuéremos esparcidos sobre la faz de toda la tierra.*
>
> Génesis 11:4

Es curioso que su motivación les hizo profetizar su futuro (*hagámonos un nombre, por si fuéremos esparcidos sobre la faz de toda la tierra*); porque realmente fueron esparcidos, pero, sin alcanzar la grandeza que buscaban.

## Los Beatles

Jamás un grupo, en ese momento, pudo tocar el mundo como ellos. Multitudes le seguían. Eran aclamados por todos los medios de comunicación. Para la prensa tener el nombre de alguno de ellos encabezando un titular, era significativo, era símbolo de grandeza (se vendía miles de ejemplares). Eran la atracción del momento, John Lennon, Paul McCartney, George Harrison y Ringo Starr probaron el sabor de la fama, de la gloria y de la fortuna. Estaban muy seguros de su gloria, sin embargo, ignoraban la mayor gloria, que es la gloria de Dios. Ellos proclamaron: *Seremos más famosos que Cristo y nadie jamás nos separará.*

Hoy solo queda un recuerdo, su música, y finalmente, algunas controversias en cuanto a la autoría de sus temas musicales.

## El Titanic

Recientemente, el mundo entero volvió a revivir esta triste historia al rodar en las principales salas de los teatros la película que llevaba su mismo nombre, *Titanic*. De nada sirvió lo que dijo el constructor: *Ni el mismo Dios podrá destruir esta creación*

Ya sabes la historia, miles de personas murieron cuando el gigantesco barco no pudo vencer la naturaleza y chocó contra un pedazo de hielo que debilitó el poderoso barco. Porque nada creado por el hombre irá por encima de lo establecido por Dios. Ya lo vez, nombres distintos, épocas distintas, con algo en común: «sus motivaciones».

Mi querido amigo, no hay nada malo en querer ser grande. Todos tenemos derecho a crecer, a conocer, a tener riquezas, a soñar, a ascender de nivel. La Biblia dice:

> *Toda buena dádiva y todo don perfecto desciende de lo alto, del Padre de las luces* (Santiago 1:17).

> *La bendición de Jehová es la que enriquece, y no añade tristeza con ella.* (Proverbios 10-22).

La Biblia habla de prosperidad, de fama, de altura, de éxito, de riqueza y de abundancia. Primera Timoteo 6:17 nos dice que *pongamos nuestra esperanza en Dios que nos da todas las cosas en abundancia para que las disfrutemos.* Dios ama la prosperidad de sus hijos, y al que quiera ser sabio, le da sabiduría.

> *Y si alguno de vosotros tiene falta de sabiduría, pídala a Dios, el cual da a todos abundantemente y sin reproche, y le será dada* (Santiago 1:5).

Y aun más, él está dispuesto a darte más de lo que quieres. ¿Lo crees? Yo lo creo. Yo lo vivo.

> *Y a Aquel que es poderoso para hacer todas las cosas mucho más abundantemente de lo que pedimos o entendemos, según el poder que actúa en nosotros* (Efesios 3:20).

Está claro que la grandeza no es un problema. Las riquezas, no son un problema. La sabiduría tampoco lo es, al contrario, la Biblia dice que todo esto son bendiciones. La pregunta es: ¿Qué hay detrás de lo que quieres alcanzar? ¿Cuál es tu motivación? En este capítulo hablaremos de «las motivaciones».

No pretendo limitarte en tu crecimiento personal, todo lo contrario, quiero inyectarle fe a tus sueños para que alcances tus metas. Quiero motivarte a soñar en grande con el éxito para que ocupes lugares de excelencia porque tú naciste para el éxito.

La palabra motivación, es el estímulo que anima a una persona a mostrar interés por una cosa determinada. Es la causa o razón que hace que una persona actúe de una manera determinada.

Muchas veces escuché este comentario: «El fin no justifica los medios». Es decir, es muy valioso lo que quieres, pero la forma en que lo estás consiguiendo puede que no sea justa. Muchas veces no se toma en cuenta el daño que causamos a otros, solamente, por alcanzar lo que queremos.

Ese es el sistema del mundo. No hay misericordia en un mundo complejo y frío. Existe gente que quiere ser promovida a otro nivel para poder controlar. Sin tomar en consideración el efecto que esto causará en el carácter de los demás. Este tipo de gente solo piensa en ser promovido a un nivel de autoridad, y de esta forma poder establecer su estilo de gobierno. Gente con sed de venganza que no han sanado las heridas del pasado, de modo que gobernarán sin justicia, solo por rencor.

Otros encierran en sí mismos raíces de amargura y solo piensan «hoy estoy abajo, y mañana estaré arriba… y entonces…». Algunos suben con intención de controlar a otros por venganza, y muy pocos por servir.

Otros, cuando suben, piensan que Dios les está haciendo justicia, y lo peor es que toman el lugar de Dios, y establecen ellos su propio juicio sin sabiduría, solo por impulsos carnales.

*Pero si tienes celos amargos y contención en vuestro corazón, no os jactéis, ni mintáis contra la verdad; porque esta sabiduría no es la que desciende de lo alto, sino terrenal, animal y diabólica* (Santiago 3:14-15).

Mucha gente quiere sabiduría para alcanzar sus metas, pero tus metas no deben estar basadas en lo que te hicieron. Para alcanzar un nivel más alto debes estar motivado por el deseo de servir, para que también otros puedan alcanzar lo que no han podido alcanzar.

*Pero la sabiduría que es de lo alto es primeramente pura, después pacífica, amable, benigna, llena de misericordia y de buenos frutos, sin incertidumbre ni hipocresía* (Santiago 3:17).

Querido hermano y amigo, estoy obligado a hacerte estas preguntas: ¿Para qué quieres ministerio? ¿Cuál es el propósito? ¿Qué harás con él? Estoy totalmente seguro que todo el que quiere ministerio, primeramente, debe tener bien claro cuál es su misión en la vida, cuál es el propósito de su existencia. Vayamos conmigo a Efesios 1 y 2. En el capítulo 1 dice que desde antes de la fundación del mundo nuestra bendición está diseñada, está separada. En los versículos 5 al 8 dice que Cristo nos ha devuelto una posición de altura, nos hace sabios e inteligentes, etc.

Más adelante en el capítulo 2 de Efesios, en el verso 10, está en parte nuestra misión y propósito.

*Porque somos hechura suya, creados en Cristo Jesús para buenas obras, las cuales Dios preparó de antemano para que anduviésemos en ellas (Efesios 2:10).*

La palabra obra tiene muchas categorías y significados. Usaremos dos entre tantas que existen:

1. Objeto o trabajo en el que han participado los ayudantes del artista.
2. Acción que hace el cristiano para ayudar a los demás.

Cada obra que hagamos no es para gloriarnos, pero sí para traer gloria al nombre de Dios. La Biblia dice que el hombre es la corona de la creación, su obra muestra. Con nuestros servicios, con nuestra entrega, estamos colaborando para que la obra principal del gran artista siga luciendo bien. Observa esta enseñanza en Marcos 10:35-45.

*Entonces Jacobo y Juan, hijos de Zebedeo, se le acercaron, diciendo: Maestro, querríamos que nos hagas lo que pidiéramos, él les dijo: ¿Que queréis que os haga? Ellos le dijeron: Concédenos que en tu gloria nos sentemos el uno a tu derecha, y el otro a tu izquierda. Entonces Jesús les dijo: No sabéis lo que pedís. ¿Podéis beber del vaso que yo bebo, o ser bautizados con el bautismo con que yo soy bautizado? Ellos dijeron: Podemos. Jesús les dijo: A la verdad, del vaso que yo bebo beberéis y con el bautismo que yo soy bautizado, seréis bautizados; pero el sentaros a mi derecha y a mi izquierda no es mío darlo, sino a aquellos para quienes están preparados. Cuando lo oyeron los diez, comenzaron a enojarse contra Jacobo y contra Juan. Más Jesús llamándolos, les dijo: Sabéis que los que son tenidos por gobernantes de las naciones se enseñorean de ellas, y sus grandes ejercen sobre ellas potestad. Pero no será así entre vosotros, sino que el que quiera hacerse grande entre vosotros será vuestro servidor y el que de vosotros quiera ser el primero, será siervo de todos. Porque el Hijo del Hombre no vino para ser servido, sino para servir, y dar su vida en rescate de muchos.*

Fíjate bien en el versículo 38 donde Jesús les dice: «No sabéis lo que pedís» y les hace una pregunta: «¿Podéis beber del vaso que yo bebo o ser bautizado con el bautismo con que yo soy bautizado?». Hay que entender que el vaso del cual habla Jesús es el cáliz, que significa sufrimiento, y cuando se refiere al bautismo es cuando Juan el Bautista dijo: «He aquí el cordero de Dios» o sea el cordero del sacrificio.

Jesús nos dice hoy: Van a llegar alto, van a tener éxito, alcanzarán muchas bendiciones, pero también nos dice; habrá pruebas y sufrimientos; porque los lugares altos requieren servicios y esfuerzos.

El fenecido John F. Kennedy, ex-presidente de los Estados Unidos de Norteamérica dijo: «No es lo que el pueblo pueda hacer por mí, sino lo que yo pueda hacer por el pueblo». Y la Biblia nos dice: *Nada hagáis por contienda o por vanagloria; antes bien con humildad, estimando cada uno a los demás como superiores a él mismo; no mirando cada uno por lo suyo propio, sino cada cual también por lo de los otros* (Filipenses 2:3-4).

El apóstol Pablo dijo:

> *Con Cristo estoy juntamente crucificado, y ya no vivo yo, mas vive Cristo en mí; y lo que ahora vivo en la carne, lo vivo en la fe del Hijo de Dios, el cual me amó y se entregó a sí mismo por mí* (Gálatas 2:20).

Es decir, mi naturaleza es del reino, y el principio del reino es «servicio» de Dios, y su justicia, *todas las demás cosas nos serán añadidas*. Si nos deleitamos en Jehová, sirviendo sin pensar en las añadiduras, entonces *él concederá las peticiones* del corazón.

Hermano, no menosprecies los comienzos, ora *por* esos pequeños momentos. Recuerda lo que nos dice Job 8:7:

> *...y aunque tu principio haya sido pequeño, tu postrer estado será muy grande* (Job 8:7).

No busques grandezas para ser aplaudido por los hombres, busca que el cielo te aplauda a ti. Los corazones contritos y humildes llaman la atención a todo lo que hay en los cielos. Cuando tus motivaciones prioricen unir el cuerpo de Cristo, entonces te estarás acercando a tu destino profético, tu ascenso estará más cerca de lo que tú pensabas.

> *La buena dádiva del hombre le ensancha el camino y le lleva delante de los grandes* (Proverbios 18:16)

Recuerda que el único que subirá a posiciones de altura es:
*...el limpio de manos y puro de corazón; el que no ha elevado su alma a cosas vanas, ni jurado con engaño* como nos dice el Salmo 24:4.

Procura vivir esto en el lugar donde estés, el lugar donde te llevó Dios y no tú, solo de esta manera él afirmará tus pasos, y todo te saldrá bien. Sube hasta donde puedas subir; brilla donde puedas brillar; alcanza lo que puedas alcanzar, y cuando llegues a ese lugar soñado, a esa posición anhelada y la gente te mire, que no te vean a ti, sino que vean la imagen de Dios en tu vida. En todo lo que hagas y logres, busca glorificar el nombre de Dios. Sé humilde en todo. La humildad es lo que hace que le restes importancia a tus propias virtudes y logros, y es lo que te llevará a reconocer tus defectos y errores.

*Humillaos delante del Señor, y él os exaltará* (Santiago 4:10)

Los humildes tocarán el corazón de Dios sin mucho esfuerzo.

*Dios resiste a los soberbios, y da gracia a los humildes* (Santiago 4:6)

Que tus motivaciones sean traer gloria a su nombre, y que el mundo vea que Jesucristo es tu Señor, así el Señor te dará las riquezas de su reino sin reproche y en abundancia.

No desmayes ante la situación. No sedas ante las maquinaciones de este mundo. No te distraigas en el camino y sigue firme, tú tienes un destino, no necesitas usurpar ministerios ni posiciones, porque desde antes de la fundación del mundo hay una agenda para ti. Dios no está improvisando con tu futuro. David no tenía un trono, pero tenía el llamado. No necesitó de un trono en un palacio para ser rey, porque los verdaderos reyes reinan hasta en las cuevas. David fue echado del reino, pero no del plan de Dios. Fue perseguido, pero no destruido. Él también cometió errores, pero llegó a su destino profético. De pastor de ovejas ascendió al trono y se convirtió en el rey de Israel.

*¡No desmayes!*, espera la señal, porque pronto llegarás al próximo nivel.

La misión de Editorial Vida es proporcionar los recursos necesarios a fin de alcanzar a las personas para Jesucristo y ayudarlas a crecer en su fe.

© 2005 Editorial Vida
Miami, Florida

Edición: *Anna M. Sarduy*

Reservados todos los derechos

ISBN: 0-8297- 4543-2

Categoría: Vida cristiana / Vida espiritual

Impreso en Estados Unidos de América
*Printed in the United States of America*

# ¡No Desmayes!

### Autor: René González
ISBN: 0-8397-4543-2

Este libro es para aquellos que quieren ir de triunfo en triunfo. Para los que no solo se miden por los logros alcanzados, sino por el depósito que llevan dentro. Para los que no se dejan guiar por voces extrañas, sino que cada día se convencen de que nacieron para algo más que sobrevivir. Para los que han puesto su confianza en Dios y están listos para ser promovidos al próximo nivel, porque saben que la gloria postrera será mayor que la primera.

SI DESEA RECIBIR GRATIS UNO DE ESTOS PRODUCTOS ESCRÍBENOS A:
VIDA@ZONDERVAN.COM

31 DÍAS DE SABIDURÍA Y ADORACIÓN, INSPIRACIÓN DIARIA DE LA NVI,
EL HOMBRE RICO (DVD), PROMESAS ETERNAS PARA TI

WWW.ZONDERVAN.COM     WWW.EDITORIALVIDA.COM

# Secretos para una vida abundante

CAPÍTULO 7

# El arte del buen vivir

*Para un cristiano, la vida eterna no comienza después de la muerte; comienza ahora y, como un rayo de luz, se proyecta a la posteridad.*

**ROBERT JEFFRES**
*Secretos de Salomón*
*Editorial Patmos*

> *Jesús dijo: "Yo he venido para que tengan vida, y la tengan en abundancia" (Juan 10:10). Jesús describe en estas palabras una calidad de vida que no está reservada para el otro lado de la tumba, sino que puede comenzar en este momento. Es una calidad de vida que no se limita al alma, sino que comprende la totalidad de nuestro ser.*

Vivir bien. ¡Vivir *realmente* bien! ¿Qué imágenes vienen a su mente cuando medita en esta idea?

¿Excursiones de fin de semana a París, y largas vacaciones en un lugar paradisíaco?

¿Una casa inmensa con piscina grande e hipoteca pequeña?

¿Un garaje con varios automóviles lujosos, uno para cada miembro de la familia?

¿Un portafolio lleno de acciones y bonos que le producen tantos dividendos que usted puede darse el lujo de decirle finalmente a su jefe lo que *realmente* piensa de él?

"¡Ah, no!" –protesta usted. "Yo no soy tan materialista." Para usted, vivir bien quizá significa algo más; algo así como charlar con un entrevistador famoso sobre su libro de moda favorito, que resulta ser el que usted acaba de escribir. O acumular suficientes activos para tomar un año de vacaciones y poder hacer trabajo misionero en un país del Tercer Mundo.

De hecho usted es una de las personas que no mide el éxito por la cantidad de bienes materiales adquiridos, ni aún por los objetivos logrados. Quizá usted define el vivir bien en términos de relaciones:

- Tener un matrimonio emocional y sexualmente satisfactorio.
- Saber que tiene dos o tres buenos amigos que lo aceptan incondicionalmente.
- Criar hijos intelectual emocional y espiritualmente preparados para navegar con éxito por la vida.

No importa cuál sea su definición de vivir bien, tengo noticias para usted: unas buenas y otras malas. Las malas son que probablemente no adquirirá todas las posesiones materiales, no alcanzará todas las metas ni disfrutará de todas las fabulosas relaciones que ha soñado. Pero aquí están las buenas:

*Usted puede tener más de lo que tiene ahora.*

Sí; leyó correctamente. Usted no tiene que seguir en el mismo hueco (que alguien definió como una tumba) por el resto de su existencia. Su vida puede ser sustancialmente mejor de lo que es en este momento. De hecho, si pone en práctica los diez "secretos" que va a descubrir en este libro, yo le *garantizo*

- que disfrutará un nivel de seguridad financiera que nunca había conocido,
- logrará tal éxito en su carrera como nunca pensó que fuera posible,
- experimentará con su familia y sus amistades más satisfacción de la que pudo esperar, y
- convertirá en realidad más sueños de los que pudo haber imaginado.

¿Cómo es que puedo ofrecerle tal garantía? Porque los diez secretos del éxito que vamos a examinar juntos no se basan en mis observaciones, o en el consejo de expertos humanos, o en la sabiduría acumulada a través de las edades. Estos secretos para el buen vivir –así como la garantía de que realmente dan resultados provienen de la Palabra de Dios.

## ¿Quiere Dios que usted tenga éxito?

Cuando por primera vez le propuse este libro a mi editor, algunos se sintieron nerviosos por razón del tema, lo cual es comprensible. Yo los entiendo. Cuando procuramos relacionar el *éxito* y *Dios* en la misma frase, no podemos evitar pensar en evangelistas de mala reputación y en una teología desacreditada, que en retrospectiva, fue sintomática de la desenfrenada codicia de la década del ochenta. Escribir un libro hoy afirmando que Dios sí quiere que usted disfrute de un éxito mayor del que ahora tiene, en lo financiero, en lo vocacional y en sus relaciones, parece un anacronismo, algo pasado de moda como los antiguos personajes y programas de la televisión.

En sus equivocados excesos, los proponentes del evangelio de la prosperidad han menospreciado una verdad fundamental que es necesario recuperar: Dios *sí* quiere que usted viva bien. Si esta afirmación le causa alguna incomodidad, considere los siguientes versículos bíblicos:

> Ahora, cumplan con cuidado las condiciones de este pacto para que prosperen *en todo lo que hagan"*
> Deuteronomio 29:9 NVI, *énfasis del autor.*

> *Nunca se apartará de tu boca este libro de la ley, sino que de DIA y de noche meditarás en él, para que guardes y hagas conforme a todo lo que en él está escrito; porque entonces* harás prosperar tu camino, *y todo te saldrá bien"*
> Josué 1:8 RVR, *énfasis del autor*

> ...*sino que en la ley del Señor se deleita, y DIA y noche medita en ella. Es como el árbol plantado a la orilla de un río que, cuando llega su tiempo, da fruto y sus hojas jamás se marchitan. ¡Todo cuanto hace prosperará!*
>
> Salmo 1:2-3 NVI, énfasis del autor

Ahora bien, yo sé lo que ustedes, lectores teológicamente astutos, están pensando: *Robert, esos versículos son del Antiguo Testamento y representan la promesa particular de Dios al pueblo de Israel. Él prometió recompensar su obediencia con prosperidad como una demostración a las naciones paganas de Su poder singular. Pero esas promesas ya no son para los cristianos de hoy.*

¿Se limitan las promesas de Dios sobre el éxito únicamente a los personajes del Antiguo Testamento? Antes de que responda con demasiada rapidez considere la oración del apóstol Juan por su amigo Gayo, que encontramos en 3ª de Juan 2 NVI:

> *Querido hermano, oro para que te vaya bien en todos tus asuntos y goces de buena salud, así como prosperas espiritualmente* (énfasis del autor).

La palabra prosperar es sinónimo de "triunfar, tener éxito, salir bien". Ciertamente Juan quería que su amigo tuviera éxito en su vida espiritual ("así como prosperas espiritualmente"), pero note que Juan no limitó su deseo a que Gayo alcanzara el éxito y la madurez espiritual. Él quería que su amigo prosperara en *todas* las áreas de su vida. Quería que Gayo viviera bien.

Y yo estoy convencido de que este es el deseo de Dios para usted y para mí también en el DIA de hoy.

¿Qué quiero decir con esto de *vivir bien*? Para evitar una mala interpretación lo voy a repetir varias veces: No creo que sea la voluntad de Dios que cada cristiano sea millonario. El concepto de vivir bien no se limita al éxito financiero. Pero sí creo que Dios quiere que usted disfrute una mayor estabilidad financiera, relaciones más satisfactorias, y alcanzar metas más valiosas que las que ahora está alcanzando.

Desafortunadamente hemos trazado tal distinción entre la vida antes y después de la muerte, que estamos posponiendo innecesariamente la clase de realización que Dios planeó que disfrutemos en este mundo y en este tiempo. En uno de sus ensayos titulado "Transposición", C. S. Lewis menciona la continuidad que existe entre este mundo y el mundo futuro utilizando la analogía de un haz de luz en un cuarto oscuro. Cuando entró en el recinto y se fijo en la luz lo primero que notó fue las partículas de polvo que flotaban, visibles por el haz de luz. Pero cuando Lewis, en vez de mirar a la luz, miró en la misma dirección de los rayos, tuvo una nueva perspectiva. Ya no vio solo polvo en la franja de luz. Enmarcados por la ventana del cuarto vio afuera los árboles, y más allá en el espacio, el sol a ciento cincuenta millones de kilómetros de distancia.

Para un cristiano, la vida eterna no comienza después de la muerte; comienza ahora y, como un rayo de luz, se proyecta a la posteridad.

Jesús dijo: "Yo he venido para que tengan vida, y la tengan en abundancia" (Juan 10:10). Jesús describe en estas palabras una calidad de vida que no está reservada para el otro lado de la tumba, sino que puede comenzar en este momento. Es una calidad de vida que no se limita al alma, sino que comprende la totalidad de nuestro ser. Y eso nos lleva entonces a una definición de lo que es vivir bien.

[ *Vivir bien es disfrutar lo mejor de Dios en cada área de su vida.* ]

¿Está usted viviendo bien? Cuando piensa en su vida espiritual, su matrimonio, su familia, su carrera, o su cuenta bancaria,

¿puede decir con sinceridad "Sí, esto es *todo* lo que Dios quiere para mi vida. No puedo conseguir nada mejor que esto."?

### ¿Vive usted bien?

En su libro *First Things First* [Primero, lo Primero], Steven Covey hace una serie de preguntas para ayudarnos a determinar si realmente estamos viviendo bien. Estas son algunas:

> ¿Mantiene usted energía y capacidad física durante todo el DIA, o hay cosas que le gustaría hacer pero no puede porque se siente cansado, enfermo o fuera de forma?

> ¿Tiene una situación financiera segura? ¿Está en capacidad de satisfacer sus propias necesidades, y tiene recursos para el futuro, o está endeudado, trabaja largas jornadas y a duras penas se gana la vida?

> ¿Tiene relaciones enriquecedoras y satisfactorias con las demás personas? ¿Es capaz de trabajar con otros en común para lograr propósitos comunes, o se siente enajenado y solo, incapaz de pasar tiempo de calidad con los seres que ama? ¿No puede trabajar en equipo porque se lo impide la mala comunicación, la incomprensión, la murmuración, la calumnia y las acusaciones?

> ¿Está constantemente aprendiendo, creciendo, descubriendo nuevas perspectivas, adquiriendo nuevas destrezas, o se siente estancado? ¿Se siente restringido para avanzar en su carrera o en otras áreas en que le gustaría hacerlo, porque no tiene la suficiente educación o entrenamiento?

> ¿Tiene un sentido claro de la dirección de su vida, y un propósito que lo inspira y le inyecta energía, o por el contrario se siente indeciso en cuanto lo que es importante, y no tiene claro lo que quiere hacer con su vida?

Como pastor yo tengo relación e interactúo mayoritariamente con cristianos. Y en mi experiencia encuentro muy poca diferencia entre el estilo de vida de los cristianos y el de los que no lo son.

Desafortunadamente pocos cristianos han aprendido el arte de vivir bien. Un número sin precedentes de cristianos se declara en bancarrota cada año. Los cristianos luchan contra la amargura tanto como los que no profesan la fe de Cristo. Los miembros de la Iglesia están tan inclinados a cometer adulterio como los que no son miembros. Y estadísticas recientes indican que los cristianos se divorcian en la misma proporción –y aún mayor– que los no cristianos.

¿Cuál es la razón para esta grave desconexión entre nuestras creencias y nuestro comportamiento? ¿Por qué quienes se creen preparados para la otra vida, tienen tantas dificultades en ésta? ¿Por qué no estamos viviendo bien? La Palabra de Dios provee una respuesta sencilla pero profunda:

*Donde no hay visión el pueblo se extravía.* (Proverbios 29:18)

Contrario a las interpretaciones populares que de él se han hecho, este versículo no tiene nada que ver con el establecimiento de metas, o con planes de edificación de iglesias. La palabra *visión* significa "revelación de Dios". En otras palabras, sin instrucción de Dios, la gente está condenada a una vida miserable.

Esta semana pasada se añadió un nuevo miembro a nuestra familia. No; no fue un nuevo niño o niña: fue un hámster, un ratón mascota. Mi hija de nueve años de edad nos había estado pidiendo que le compráramos una mascota. En realidad ella quería un animal un perro, o una Mamá, pero no puedes tener los dos." De modo que el ratoncito vino como resultado del acuerdo familiar.

Ayer armé la jaula, puse las virutas en el fondo, llené el recipiente de comida, y colgué el dispensador de agua a un lado. Cuando estuvo dentro de la jaula, el ratoncito corrió a donde estaba la comida y luego al dispensador de agua. Para tener el líquido era necesario que presionara su lengua contra un pequeño botón que permitiría la salida del agua. Desafortunadamente el animalito no sabía operar el dispensador. Arrimó su hocico al tubo metálico, lamió el lado del dispensador plástico, pero nada hizo salir el agua que tan desesperadamente necesitaba.

Olvidando que yo no hablo el idioma de los ratones, comencé a gritarle instrucciones. Cuando eso no dio resultado le di golpecitos al dispensador para demostrarle cómo funcionaba. Pero el pequeño roedor solo miró y luego corrió a meterse entre la viruta. Por carencia de habilidad o destreza, estaba en peligro de morir.

El ratoncito está bien ahora, pero él ilustra un punto clave. Yo creo que la razón de fondo por la cual perece la mayoría de la gente en relaciones insatisfactorias, bajo innecesarias presiones financieras y con sueños no realizados, es porque no han adquirido la habilidad necesaria para vivir bien. La Biblia llama a esta habilidad, "sabiduría".

En el Antiguo Testamento la palabra hebrea que se traduce como sabiduría es *hokmah*. Esta palabra se utilizó originalmente para describir a los tejedores que tejieron las elaboradas y primorosas vestiduras de Aarón, el sumo sacerdote. Puesto que el sumo sacerdote y sus vestiduras tipificaban a Jesucristo, el máximo sumo sacerdote, era imperioso que los tejedores siguieran las exactas instrucciones de Dios para el diseño y elaboración de esas vestiduras sacerdotales.

> *Habla con todos los expertos a quienes he dado habilidades especiales, para que hagan las vestiduras de Aarón, y así lo consagre yo como mi sacerdote.*
>
> Éxodo 28:3

La habilidad de los tejedores para seguir el diseño de Dios en la elaboración de las vestiduras se llamó "sabiduría". A partir de ese tiempo los Israelitas consideraron sabiduría la habilidad de vivir, y desde entonces ha sido definida como "la habilidad de vivir la vida de acuerdo al plan de Dios." Una persona sabia es quien pauta sus finanzas, sus metas, sus relaciones, y cada uno de los demás aspectos de su vida de acuerdo con las especificaciones reveladas en la Palabra de Dios.

## Habilidad para vivir

Existen dos verdades claves que necesitamos entender acerca de esta habilidad para la vida llamada sabiduría:

*En primer lugar, sabiduría es a menudo lo opuesto de nuestra inclinación natural.* Haddon Robinson nos cuenta de una vez él estaba procurando arreglar la puerta de su garaje. Se fijó en un tornillo que al parecer estaba flojo, pero mientras más vueltas le daba, más flojo parecía.

Hasta que vino un vecino y le dijo: "Ah, no. Este es un tornillo de rosca invertida. Debe apretarlo en sentido contrario." Robinson entonces dijo:

> "Me costó cincuenta años descubrir cómo giran los tornillos, ¡y ahora cambian las reglas!" Robinson siguió diciendo que, en cierto sentido, la Biblia se asemeja a un tornillo de rosca invertida. Nos recuerda que para subir hay que bajar primero; que la forma de gobernar es sirviendo; y que el camino a la vida es morir.
>
> Muchos de nosotros recordamos al entrenador deportivo universitario famoso por su mal carácter. Finalmente, después de lo que muchos considerarían un ataque a uno de sus jugadores, fue destituido de la posición que mantuvo por largo tiempo. No pudo dominar el arte de vivir bien. Se convirtió en esclavo de sus inclinaciones naturales: "Cuando alguien te hable ásperamente, devuélvele el favor. Aprende a dar de lo que te dan." Pero Proverbios 15:1

nos da una fórmula de "rosca invertida" para confrontar a otra persona:

La respuesta amable calma el enojo, pero la agresiva echa leña al fuego.

Ahora bien, quizá usted piense: *"Ese es ciertamente un dulce versículo. Pero, ¿espera realmente que un entrenador endurecido guíe su vida por lemas más apropiados para un aula de escuela dominical que para un camerino?"*

Bueno, considere las consecuencias que sufrió este hombre por negarse a vivir sabiamente. Perdió un empleo y una carrera prestigiosa, y tuvo que buscar trabajo en otro lugar. Fue difamado y humillado por la prensa. Su reputación como un hombre de mal temperamento no solo quedó confirmada, sino que aumentó. De nuevo resuena la Palabra de Dios: "El iracundo tendrá que afrontar el castigo; el que intente disuadirlo aumentará su enojo" (Proverbios 19:19).

*Segundo, adquirir sabiduría requiere de esfuerzo.* Puesto que esta habilidad para vivir bien no llega de manera natural y espontánea, tenemos que descubrirla. Hace algunos años recorrí un museo donde se exhibía una Biblia que había sido obsequiada a Albert Einstein. En una de sus páginas en blanco alguien escribió estas palabras: "Las cosas de escaso valor, flotan en la superficie, pero para encontrar perlas, hay que profundizar." Aún un gran pensador como Albert Einstein no pudo descubrir la sabiduría de Dios con facilidad; hacerlo le significó esfuerzo.

Salomón comparó la búsqueda de la sabiduría con la caza de un tesoro:

*Dichoso el que halla sabiduría, el que adquiere inteligencia. Porque ella es de más provecho que la plata y rinde más ganancias que el oro. Es más valiosa que las piedras preciosas: ¡ni lo más deseable se le puede comparar. (Proverbios 3:13:15)*

Imagine lo siguiente: Un sábado por la mañana, mientras limpia su armario descubre un sobre sin destinatario que dejó el anterior propietario de la casa. Lo abre y encuentra la siguiente nota:

Preocupado por la posibilidad de que alguno de mis hijos ingratos y codiciosos despilfarre mi dinero cuando yo muera, he decidido enterrar $500.000 dólares en la parte trasera del patio, cerca del roble gigante que hay allí. El dinero está en un cofre metálico, aproximadamente a un metro de distancia del roble, por el lado izquierdo, y a poco más de 20 centímetros de la superficie. Si usted lo encuentra, es suyo.

¿Cómo reaccionaría ante esa nota? ¿Continuaría con su tarea cavilando que *sería bueno excavar algún día en el patio y ver si encuentro ese cofre*? ¿O razonaría que *siendo que no estoy seguro si la nota y el autor de ella son de confiar, me olvidaré del asunto*?

¡Desde luego que no lo haría! ¡Dejaría de lado su trabajo, agarraría una pala y cavaría tan rápido como le fuera posible!

Tan útil como le sería medio millón de dólares en este momento, la Biblia le ofrece algo de muchísimo más valor: sabiduría. La razón por la cual la sabiduría es más valiosa que las riquezas en lo económico, es que esta habilidad para la vida no solo le ayuda a incrementar las cifras en su balance financiero, sino que es la clave del éxito en sus relaciones interpersonales, en su profesión, y en lo espiritual.

## Los secretos de Salomón

¿En dónde debe comenzar a cavar para descubrir este tesoro escondido?

Hace miles de años el hombre más sabio, más rico y más poderoso de su época compiló un libro lleno de conocimiento práctico para vivir bien. Los Proverbios de Salomón –un libro siempre actual a través de los tiempos– ofrece pequeñas porciones de sabiduría garantizadas para producir éxito en todas las áreas de la vida. He utilizado el término "secretos" para describir el conocimiento transmitido por Salomón, porque esta sabiduría no está a disposición del observador casual, sino solamente para quienes la buscan como "tesoros escondidos" (Proverbios 2:4). Su consejo acerca del dinero, el matrimonio, la paternidad, y para cada área de la vida, es realmente "sentido no común" porque, igual que el tornillo de rosca invertida de Haddon Robinson, es contrario a nuestras inclinaciones naturales.

Al comenzar a mirar estos secretos de Salomón para vivir bien, hay cuatro verdades subrayadas que debemos tener siempre en mente.

1. *Los Proverbios se ocupan de esta vida, no de la venidera.* Usted podrá leer todo el libro sin encontrar un solo pasaje que le enseñe cómo orar, cómo compartir su fe, o la manera de prepararse para ir al cielo cuando muera. El énfasis de Proverbios no es la vida del más allá, sino nuestra vida en el lugar y tiempo presente que vivimos. Dios está vitalmente interesado en su éxito hoy, tanto como en su eternidad.

2. *La buena vida no se mide por el dinero que se posee.* Sí, claro, los Proverbios tienen mucho que decir acerca de cómo ganar, ahorrar, gastar e invertir el dinero. Yo creo que una de las razones por las cuales muchas personas no prosperan financieramente es porque fallan en seguir la eterna sabiduría de Dios acerca del dinero. Si usted aplica los sencillos principios que vamos a mirar en el capítulo 4, va a tener más dinero para:

- Darle educación a sus hijos.
- Establecer un plan seguro de jubilación.
- Permitirse unas deliciosas vacaciones.
- Invertir en la obra eterna de Dios.

No obstante tenemos que oponernos a la filosofía de esta época que dice: "Adquiera lo más que pueda, utilice ese poder, y luego, siéntese en él." Esta semana leí un comentario de un famoso especulador financiero que dijo: "el dinero es la mejor manera de demostrar resultados." No; Jesús dijo que la vida es más que la suma de nuestras posesiones: "¿Pues, qué aprovecha al hombre si gana todo el mundo, y se destruye o se pierde a sí mismo?" (Lucas 9:25 RVR).

3. *Vivir bien no nos exime de problemas.* La noche del domingo pasado en nuestra sesión anual de preguntas y respuestas llamada "Confunda al Pastor", un miembro preguntó: "¿Por qué los cristianos parecen tener más dificultades en esta vida que los no cristianos?" Tras esa pregunta está la suposición de que la obediencia a Dios debe resolver problemas, no crear más problemas. En realidad en cierto sentido eso es cierto. Quienes adoptan la sabiduría de Dios generalmente experimentan mayor éxito financiero, en sus relaciones y en su profesión, que quienes no lo hacen.

No obstante, vivir bien no garantiza una existencia libre de problemas. El filósofo cuáquero Elton Trueblood escribió al respecto:

> En muchos aspectos, el evangelio, en vez de eliminar cargas, cuidados y aflicciones, realmente los aumenta... Ocasionalmente hablamos de nuestro cristianismo como algo que resuelve problemas y en un sentido, lo hace. Sin embargo, mucho antes de que lo haga (resolver los problemas), aumenta tanto el número como la intensidad de los mismos.

Jesús advierte a Sus seguidores que deben esperar problemas en este mundo. Luego les dice: "Pero, ¡anímense! Yo he vencido al mundo" (Juan 16:33).

El escritor Philip Yancey nos cuenta de la muerte de su piadoso suegro cuyos años finales estuvieron marcados por una enfermedad que lo incapacitó, la muerte de una de sus hijas, y fuertes presiones financieras. Este maestro de Biblia durante toda su vida, comenzó a cuestionar algunas de las verdades que había enseñado a través de los años. Sin embargo, en lo más agudo de su crisis escribió una carta a su familia delineando tres cosas en las cuales todavía creía firmemente: *La vida es difícil; Dios es misericordioso; y, el cielo es seguro.* A pesar de la enfermedad, de la pérdida financiera, y de la muerte avasalladora, este prohombre de la fe sabía el significado tanto de vivir como de morir bien.

4. *El propósito de vivir bien es glorificar a Dios.* Dios tiene un supremo propósito con este mundo: que dé gloria a Su nombre. Dios desea que toda Su creación —hombres, mujeres, niños, ángeles y demonios— comprenda que solo Él es digno de adoración.

> "Porque de Él, y por Él, y para Él, son todas las cosas. A Él sea la gloria por los siglos. Amén"
>
> Romanos 11:36

¿Qué tiene que ver esta grandiosa declaración teológica con vivir bien? Significa que el propósito final o máximo de vivir bien no es nuestra satisfacción propia, sino glorificar a Dios. Piense por un momento en los Israelitas a quienes Dios prometió una vida más satisfactoria como resultado de su obediencia. Note el objetivo final de Dios al recompensar a los Israelitas:

> *Miren, yo les he enseñado los preceptos y las normas que me enseñó el Señor mi Dios para que ustedes los pongan en práctica en la tierra de la que ahora van a tomar posesión. Obedézcanlos y pónganlos en práctica; así demostrarán su sabiduría e inteligencia ante las naciones. Ellas oirán todos estos preceptos, y dirán: "En verdad, este es un pueblo sabio e inteligente; ¡Esta es una gran nación!" ¿Qué otra nación hay tan grande como la nuestra? ¿Qué nación tiene dioses tan cerca de ella como lo está de nosotros el Señor nuestro Dios cada vez que lo invocamos?*
>
> Deuteronomio 4:5-7

Dios estaba diciéndole a Israel: "Si ustedes adoptan mi sabiduría para la vida, yo los prosperaré. Pero la razón para bendecirlos es que las demás naciones vean el resultado de su obediencia, y digan: "¡Qué grande es este Dios al cual sirven!"

De la misma manera Dios quiere que su vida sea una demostración de los beneficios de vivir bien. Cuando usted obedece la sabiduría divina en el establecimiento de metas dignas, en el manejo del dinero, en la crianza de sus hijos, y en el fortalecimiento de su matrimonio, entonces tiene una situación en que ambas partes ganan: ¡Usted recibe los beneficios, y Dios recibe la gloria! Como lo dijo John Piper: "Glorificamos más a Dios cuando estamos más satisfechos con Él."

Hace unos pocos años, en el "DIA de los Tontos de Abril", Gary Hamlin, un médico de Missouri decidió que él sería un auto-confeso "Tonto por Cristo". En este DIA señalado Hamlin se dijo a sí mismo: "Yo he vivido estos primeros cuarenta años de mi vida para mi beneficio personal; ahora quiero comenzar a vivir para Dios." De modo que empezó a hacer cosas aparentemente tontas. Invirtió su tiempo y su capital fundando un centro para adolescentes con problemas; prestó sus servicios gratuitamente a una clínica para mujeres y niños maltratados, y decidió participar más en proyectos misioneros, planeando terminar finalmente su práctica médica en su país, e ir a Haití como médico misionero de tiempo completo.

Al tomar tal resolución Hamlin dijo: "El materialismo ha perdido su valor. Antes de ir en mi primer viaje misionero a Haití, un montón de temores me acompañaban en mi vida. Temor a morir. Temor a las dificultades financieras. Pero después de cierto tiempo, los temores empezaron a desaparecer. Dios estaba liberándome de las atracciones del mundo, y mostrándome Su visión para mi vida: Ser un tonto para Él todos los días, pero darme cuenta de lo rico que soy."

Gary Hamlin lo sabe todo acerca del buen vivir. Tiene un propósito en la vida que va más allá de su satisfacción inmediata.

Disfrutará de los dividendos tanto temporales como eternos que le produce el haber dedicado su vida a glorificar a Dios. Pero piense por un momento en lo siguiente: ¿Hubiera tenido Gary la misma libertad para dedicar su vida al campo misionero si...

- ¿no hubiera generado previamente los recursos económicos suficientes que le permitieran hacer esta transición?
- ¿hubiera estado sobrecargado de deudas financieras que le hubieran impedido renunciar a su trabajo?
- ¿su matrimonio y su credibilidad se hubieran destruido por la infidelidad?
- ¿hubiera carecido de la habilidad para establecer las metas necesarias a corto plazo que le permitieron dedicarse al campo misionero por los siguientes diez años?

En las siguientes páginas será mi privilegio guiarlo a usted a través de los diez secretos para el éxito consignados en la Palabra de Dios. Secretos que Dios quiere que dominemos para que podamos tener la libertad de experimentar y realizar todo lo que Él ha planeado para nuestras vidas.

¡Ahora que tiene en sus manos el mapa para encontrar el tesoro, agarre su pica y su pala, y comencemos a excavar!

Secretos de Salomón
**©2004 por Editorial Patmos**
Miami, Florida, EE.UU.
Todos los derechos reservados.

Originalmente publicado en inglés con el título: Solomon Secrets
por WaterBrook Press,
Colorado Springs, Colorado

© 2002 Robert Jeffress

Las citas bíblicas utilizadas en este libro han sido tomadas en su mayoría de la Nueva Versión Internacional - NVI - 1.999 de la Sociedad Bíblica Internacional. Las citas bíblicas marcadas con la sigla RVR han sido tomadas de la versión Reina Valera Revisada, 1995, de las Sociedades Bíblicas Unidas.
Cuando se utiliza otra versión, se le idéntica inmediatamente después del pasaje citado.

Traducido al español por Rogelio Díaz-Díaz

ISBN:1-58802-250-1
Categoría: Liderazgo

# Construya una vida afirmada en la fe...
## Tenga una vida *Apasionada*

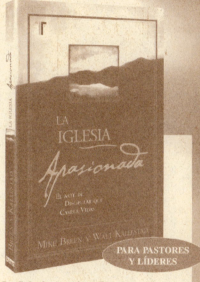

**PARA PASTORES Y LÍDERES**

**Una Vida Apasionada**
*Mike Breen y Walt Kallestad*

Más que un libro de cabecera, es una propuesta que transformará radicalmente su existencia. Con conceptos ilustrados y fáciles de aplicar, este libro es una fuente de inspiración, coraje y fuerza para todos que ansían por una fe más auténtica. Alcance una convicción apasionante para impactar la vida de personas en su vuelta. Lea, sienta y tenga una vida apasionada.

**Formato: 14,5 x 22,5cm**

**La Iglesia Apasionada**
*Mike Breen y Walt Kallestad*

En este libro usted encontrará metodos prácticos y aplicables a su iglesia fundamentados en el liderazgo de Jesús, direccionado para pastores y líderes. Una iglesia apasionada traerá visión de un ministerio dinámico y participativo, enseñando a mantener una iglesia más desenvuelta y expandida para ser "sal de la tierra y la luz del mundo". Los autores presentan ocho verdades bíblicas conocidas como modeladores de vida que transforman sus iglesias y la vida de sus miembros.

**Formato: 14,5 x 22,5cm**

Pídalo a su librero o distribuidor.

P.O. Box 668767, Miami, Florida 33166, USA
e-mail: patmos@editpatmos.com
www.editpatmos.com

# Secretos para una vida abundante

# CAPÍTULO 8

# La pendiente resbalosa

### POR QUÉ TODO EL MUNDO VA ALLÍ

**ANDY STANLEY**
*La mejor de las preguntas*
Editorial Unilit

> *Mirad, pues, con diligencia cómo andéis, no como necios sino como sabios, aprovechando bien el tiempo, porque los días son malos. Por tanto, no seáis insensatos, sino entendidos de cuál sea la voluntad del Señor.*
>
> Efesios 5:15-17

Ahora quiero llevarlo a esos versículos que alteraron para siempre mi manera de tomar decisiones. Los hallamos en la carta que les escribió el apóstol Pablo en el siglo primero a los cristianos que vivían en la ciudad de Éfeso. Usted la conoce como la epístola a los Efesios.

La carta comienza con un inspirador recordatorio sobre la nueva identidad del creyente que es consecuencia de su adopción dentro de la familia de Dios. Durante tres capítulos, el autor explica todos los beneficios que tiene el hecho de estar «en Cristo». Sin embargo, a partir del capítulo cuatro, Pablo dobla la esquina.

Comienza la segunda mitad de la epístola con esta súplica: «Os ruego que andéis como es digno de la vocación con que fuisteis llamados» (Efesios 4:1). En otras palabras, vivan de tal manera que se refleje en su vida los cambios que Dios ha hecho en ustedes. O, como le encanta decir a un amigo mío: «No vivan como antes. Al fin y al cabo, ustedes ya no son las personas que eran».

A partir de este momento, Pablo se lanza a escribir una de las secciones más prácticas de la Biblia. Habla de todo, desde la vida sexual hasta el matrimonio, los licores y... todo. Indica lo que se puede hablar, pensar, e incluso de qué se puede uno reír. Todo su comentario es intenso y muy completo, y francamente, un poco abrumador.

## Quiero fuerza

Pablo llega incluso a sugerir que nos convirtamos en imitadores de Dios. ¿Mi reacción inicial? Sí, claro. Ni aunque me pase toda la vida intentándolo.

No se trata de que no valga la pena esforzarse por cumplir con la lista de elevadas normas escrita por Pablo. Se trata de que me conozco a mí mismo. No soy tan bueno, ni tan perseverante, ni tan disciplinado. Además casi todo lo que aparece en la lista que escribió Pablo va en contra por completo de la corriente cultural. Así que, seamos francos: En el mundo real no voy a conseguir apoyo de ninguna clase.

Lea usted mismo Efesios 4 y 5. Es un catálogo increíble de virtudes y valores; la clase de cosas sobre las cuales los padres les predican todo el tiempo a sus hijos. Ahora bien, ¿es realista ese catálogo? ¿Es posible que alguien logre algo así? A primera vista, creo que no.

Lo bueno es que Pablo se adelanta a la frustración de sus lectores. Así que en esta intimidante lista de cosas que hacer, incorpora un valioso *cómo hacerlo*. En especial, revela un enfoque de la vida que, si lo aceptamos, nos preparará para tener éxito cuando intentemos vivir de acuerdo con los valores que él menciona. Y de esta enseñanza breve, pero poderosa, es de donde hemos derivado la Mejor de las Preguntas.

Esto es lo que escribe Pablo:

Mirad, pues, con diligencia cómo andéis, no como necios sino como sabios, aprovechando bien el tiempo, porque los días son malos. Por tanto, no seáis insensatos, sino entendidos de cuál sea la voluntad del Señor. (Efesios 5:15-17).

Transformador, ¿no es cierto?
¿No? Muy bien. Vamos a verlo por partes.
Pablo comienza con una gran palabra de transición, una palabra cargada de repercusiones:
*Pues…*

Como le gustaba decir a un mentor mío, cada vez que uno vea un pues, tiene que preguntar de dónde viene y qué hace allí. En esta ocasión en particular, el «pues» conecta todo lo que Pablo nos está diciendo que *necesitamos hacer*, con su explicación sobre *cómo hacerlo*. Es como si nos estuviera diciendo: «Si los valores y las prácticas que he bosquejado, por abrumadores que parezcan, son cosas que quieren aceptar en su vida; si se ha agitado algo en su interior al imaginarse que viven de acuerdo con esas normas; si quieren vivir en un plano totalmente distinto, entonces esto es lo que tienen que hacer».

A continuación Pablo revela el principio que nos da a todos los que queremos ser seguidores de Cristo la fuerza que necesitamos para vivir algo que a veces parece estar fuera de nuestro alcance:

*Mirad con diligencia cómo andéis…*

O, para darle media vuelta: *No sean descuidados en su manera de andar.* En otras palabras, seguir a Cristo no es algo que se hace en medio de la despreocupación. Exige una cautela extrema. Si nos tomamos en serio esto de vivir de acuerdo con los valores que enseña en el Nuevo Testamento, debemos mirar por dónde caminamos. Al fin y al cabo, sabemos por experiencia lo fácil que es tropezar.

Entonces, sin hacer una pausa siquiera, Pablo descubre el criterio por el cual debemos medir y juzgar cada una de nuestras decisiones. En las palabras que siguen nos está dando ese enrejado por el que debemos evaluar todas las invitaciones y las oportunidades. He aquí la norma, la vara de medir con la cual debemos evaluar nuestras decisiones en cuanto a nuestra economía, nuestras relaciones y nuestras decisiones profesionales. Saque su marcador para subrayar estas palabras:

*No como necios, sino como sabios…*

La Mejor de las Preguntas, la pregunta que nos pone en el camino del éxito donde de veras vale la pena; la pregunta que nos capacita para aplicar a nuestra vida constantemente los mandatos del Nuevo Testamento es esta:

¿Qué es sabio hacer?

Espere un segundo. ¿Cómo es posible que sea *esa* la Mejor de las Preguntas? ¿Cómo es posible que una pregunta tan simplista sea la clave de nuestra perseverancia en nuestro caminar con Cristo? Para comprender la potencia que tiene esta pregunta, necesitamos examinar la forma en que estamos acostumbrados a evaluar nuestras opciones.

## Las preguntas que nos hacemos no son las correctas

Lo típico es que cuando tomamos decisiones, revisamos nuestras opciones y oportunidades usando un enrejado más genérico y mucho menos útil. Hay diversas variaciones, pero básicamente, la pregunta que nos hacemos es la siguiente: *¿Tiene algo de malo esto?*

Lo que damos por sentado es que si no hay nada *malo* en lo que estamos haciendo, debe estar bien. Si no es ilegal, falto de ética o inmoral, entonces reúne las cualidades de una opción que puede dar resultados, ¿no es cierto? Hablando en sentido bíblico, si no hay un «No harás» asociado con aquello, entonces no hay riesgo en dar por seguro que reúne las cualidades de un «Por supuesto que lo puedes hacer si te parece».

Lamentablemente, esa manera de pensar es la que nos prepara para otra pregunta más que raras veces expresamos, o incluso permitimos que aflore al nivel del pensamiento consciente. Sin embargo, si somos sinceros, esta es la pregunta que orienta demasiadas decisiones. Es algo como esto: *¿Hasta dónde me puedo acercar a la frontera entre lo bueno y lo malo, sin llegar a hacer algo malo?* La versión cristiana dice algo así: *¿Hasta dónde me puedo acercar al pecado sin llegar a pecar realmente?*

Esta es una pregunta que todo adolescente se ha hecho de alguna forma en algún momento de su historial de enamoramientos. Es una pregunta que todos los que están en dieta se hacen a diario. Es una pregunta que se hacen los abogados en nombre de sus clientes, y con ella se ganan la vida.

Pero las cosas no terminan aquí. Inevitablemente, cuando hemos llegado hasta aquí nos hacemos la pregunta siguiente: *¿Hasta dónde puedo llegar más allá de la línea divisoria entre lo correcto y lo incorrecto, sin sufrir las consecuencias?* En otras palabras, ¿cuán falto de ética, inmoral o insensible puedo ser sin sufrir resultados que no pueda controlar? ¿Por cuánto tiempo puedo descuidar a mi familia, mi economía o mis responsabilidades profesionales sin sentir los efectos? ¿Hasta dónde me puedo pasar del límite de velocidad permitido cuando conduzco mi auto sin que me detenga la policía? ¿Hasta dónde me puedo permitir una conducta adictiva sin convertirme en un verdadero adicto?

Es una pendiente resbalosa, sutil y siniestra a la vez. Todo comienza de la manera más inocente, cuando nos hacemos una pregunta que parece noble. *¿Tiene algo de malo?* Pero termina llevando a otra pregunta, una que todos nos hemos hecho en algún momento: *¿Cómo me metí en este enredo?*

## El control de daños

Es una pregunta que he oído docenas de veces. Peor aun: me la he hecho yo mismo por lo menos una docena de veces. ¿Cómo es posible que alguien tan listo y tan conocedor de la Biblia como yo se meta en algo...? Bueno, en realidad, esa parte del asunto es mía solamente. Hablemos de usted, o de Frank.

Frank es uno de los hombres más listos que he conocido. Lamentablemente, cuando lo conocí estaba tratando de abrirse paso por todo un laberinto de adicciones sexuales, bancarrota, divorcio y una batalla legal por la custodia de una hija. Se estuvo desahogando durante tres cuartos de hora seguidos. Me habló de la forma en que había conocido a su esposa: Vio las señales de peligro, pero no les hizo caso. Me habló de su socio de negocios: De nuevo vio las luces rojas, pero siguió adelante a pesar de todo. Describió sus primeras experiencias con la pornografía: Conocía los peligros, pero pensó que él sería la excepción.

Todas y cada una de las malas decisiones que Frank había tomado, las habría podido evitar si se hubiera hecho la Mejor de las Preguntas. No era cuestión de que tuviera un índice de inteligencia bajo. Como sucede con la mayoría de la gente, su pesadilla comenzó con la suposición de que podía danzar en el borde mismo del desastre moral, profesional y de sus relaciones, y salir airoso. Si aquello no era técnicamente «incorrecto», entonces debía ser «correcto», ¿no es cierto?

Frank está ahora pasando por el proceso de reconstruir su vida y su matrimonio. En estos días se está haciendo un conjunto de preguntas diferente. Las cosas han mejorado. Sin embargo, su nueva perspectiva no puede borrar el sufrimiento que les ha causado a su esposa y a su hija. Es de esperar que, con el tiempo, vuelvan a confiar en él.

En mi condición de pastor son demasiadas las historias angustiosas que he escuchado. Sin embargo, todas las malas decisiones de las que he oído hablar se habrían podido evitar si alguien se hubiera limitado a hacer la Mejor de las Preguntas. Todas ellas. Adulterio, adicciones, embarazos indeseados, bancarrotas, lo que sea.

Todo se habría podido evitar con una aplicación correcta de la Mejor de las Preguntas.

La moraleja de esta historia es que, solo porque no haya un «No harás» unido a una situación, eso no siempre significa que se trate de un «Harás». Muchas veces hay cosas que permiten la moral y la cultura, pero que no son lo mejor para nosotros.

Como buen padre, Dios quiere lo mejor para cada uno de nosotros. Por eso nos ha dado una norma que va más allá de las normas culturales. Nos ha hecho una pregunta que nos capacita para vivir de acuerdo con los valores de aquello a lo que Jesús se refirió, llamándolo «vida abundante» (véase Juan 10:10). No un simple sobrevivir. No una vida de lamentaciones. *Una vida abundante.*

Pero la pregunta que nos hizo no es *¿Tiene algo de malo?* La pregunta es esta: *¿Es sabio hacerlo?* Para no fallar en la vida, usted necesita hacerse esa pregunta ante toda invitación, toda oportunidad, toda relación.

*¿Qué es sabio que yo haga?*

Recuerde por un instante aquello que más lamenta de su pasado. Ese suceso o capítulo de su vida que desearía poder regresar en el tiempo para deshacerlo, o para vivirlo de otra forma. ¿Cuál fue la decisión que querría anular? ¿La relación que querría vivir de manera distinta? ¿Se da cuenta de que algunas de las cosas de las que se lamenta, o tal vez todas ellas, se habrían podido evitar si se hubiera hecho la Mejor de las Preguntas, y la hubiera llevado a la práctica?

A partir de este momento, usted podrá evitar los errores del pasado y vivir sin tener que lamentarse de nada, si adquiere el hábito de hacerse siempre en su vida la Mejor de las Preguntas.

Publicado por
**Editorial Unilit**
Miami, Fl. 33172
Derechos reservados

© 2006 Editorial Unilit (Spanish translation)
Primera edición 2006
© 2004 por Andy Stanley

Originalmente publicado en inglés con el título:
Best Question Ever, The por Andy Stanley.
Publicado por Multnomah Publishers, Inc.
601 N. Larch Street
Sisters, Oregon 97759 USA

Todos los derechos de publicación con excepción del idioma inglés son contratados exclusivamente por GLINT, P. O. Box 4060, Ontario, California 91761-1003, USA.

(All non-English rights are contracted through: Gospel Literature International, PO Box 4060, Ontario, CA 91761-1003, USA.)

Ninguna parte de esta publicación podrá ser reproducida, procesada en algún sistema que la pueda reproducir, o transmitida en alguna forma o por algún medio electrónico, mecánico, fotocopia, cinta magnetofónica u otro excepto para breves citas en reseñas, sin el permiso previo de los editores.

Traducción: Dr. Andrés Carrodeguas

Las citas bíblicas se tomaron de la Santa Biblia, Versión Reina Valera 1960 ©
Sociedades Bíblicas Unidas.
Usadas con permiso.

Producto 495415
ISBN 0-7899-1346-1
Impreso en Colombia
*Printed in Colombia*

**NUEVO**

**¿Soy lo suficiente bueno?**
0-7899-1412-3
495454

**Escoge ser infiel**
0-7899-1348-8
495416

**Visioingeniería**
0-7899-0867-0
496691

**El líder de la próxima generación**
0-7899-1149-3
495322

# Andy Stanley

Prepárate para el examen final de la vida.

Quién gana cuando la familia y el trabajo se enfrentan.

Los planes de Dios para el desarrollo y mantenimiento de una visión personal.

Hablando con franqueza a los líderes del mañana.

disponibles en su librería más cercana

**EDITORIAL UNILIT**

Publicamos para la familia
www.editorialunilit.com

# Secretos para una vida abundante

CAPÍTULO 9

# La muñeca de trapo más amada

JOHN ORTBERG
*Vivamos Divinamente*
Editorial Vida

*En esto consiste el amor: no en que nosotros hayamos amado a Dios, sino en que él nos amó y envió a su Hijo para que fuera ofrecido como sacrificio por el perdón de nuestros pecados (1 Juan 4:10).*

> *En todo corazón humano existe un deseo inextinguible de llegar a ser el príncipe o la princesa de alguien. Queremos que alguien se enamore de nosotros.*

Se llamaba Pandy. Ya casi no tenía cabello, le faltaba un brazo y en términos generales, a golpes había perdido la mayor parte de su relleno. Era la muñeca favorita de mi hermana Barbie.

No siempre había tenido este aspecto. Había sido un regalo de Navidad elegido de forma especial por una querida tía que había viajado hasta una gran tienda en la lejana Chicago para conseguirla. Cuando Pandy era joven y bella, Barbie la amaba. La amaba con un amor demasiado fuerte para la salud de Pandy. Cuando Barbie iba a dormir por las noches, Pandy dormía junto a ella. Y cuando Barbie almorzaba, Pandy estaba junto a ella a la mesa. Cuando Barbie se salía con la suya, Pandy se bañaba con ella. El amor de Barbie por esa muñeca era casi como una atracción fatal.

Cuando conocí a Pandy ya no era una muñeca particularmente atractiva. En realidad, era un desastre. Pero aún así mi hermana

Barbie amaba a esa muñeca de trapo. La amaba tanto en su época de andrajosa como la había amado en sus días de esplendor.

Hubo otras muñecas, claro. Mas Pandy era parte de la familia. Si amabas a Barbie, amabas a Pandy. Era como una de esas promociones en que debías tener el paquete completo.

Una vez fuimos de vacaciones desde donde vivíamos en Rockford, Illinois, hasta Canadá. Ya casi habíamos llegado de regreso a casa cuando nos dimos cuenta de que Pandy no estaba con nosotros. No había alternativa. Ni siquiera se nos ocurrió pensar otra cosa. Mi padre dio la vuelta y volvimos a Canadá.

Pasaron los años y mi hermana creció. Ya era demasiado grande como para jugar con muñecas. Y llegó el momento en que lo lógico era regalarla o echarla a la basura. Mi madre, sin embargo, no pudo hacer nada de eso. Envolvió a Pandy con exquisito cuidado en papel de seda, la puso en una caja y la guardó en el ático.

Pasaron los años. Mi hermana se casó y se mudó lejos. Tuvo tres hijos, y la última fue una niñita llamada Courtney, que pronto alcanzó esa edad en que las niñas quieren una muñeca. Ni siquiera pensamos en otra alternativa. Barbie volvió a Rockford, subió al ático, y tomó la caja. En este momento Pandy ya era más trapo que muñeca. Mi hermana la llevó a un hospital de muñecas y Pandy volvió a ser tan hermosa por fuera como lo había sido siempre a los ojos de quien tanto la amaba.

Cuando Pandy era joven Barbie la amaba. Celebraba su belleza. Y cuando Pandy fue vieja y casi un guiñapo Barbie seguía amándola. No solo la amaba porque fuera hermosa, sino la amaba con un amor que la hacía hermosa.

Pasaron los años. El nido de mi hermana pronto quedará vacío. Courtney ya es adolescente. ¿Y Pandy? Pandy está preparándose para una nueva caja.

Porque tanto amó Dios al mundo, que dio a su Hijo unigénito, para que todo el que cree en él no se pierda, sino que tenga vida eterna (Juan 3:16).

A la verdad, como éramos incapaces de salvarnos, en el tiempo señalado Cristo murió por los malvados. Pero Dios demuestra su amor por nosotros en esto: en que cuando todavía éramos pecadores, Cristo murió por nosotros (Romanos 5:6,8)

En esto consiste el amor: no en que nosotros hayamos amado a Dios, sino en que él nos amó y envió a su Hijo para que fuera ofrecido como sacrificio por el perdón de nuestros pecados (1 Juan 4:10).

## Creados en amor

**Somos las muñecas de trapo de Dios.** Él conoce nuestra condición de andrajosos y aun así nos ama. Ya no importa que seamos andrajosos. Porque ese no es tu destino, ni tampoco el mío. Quizá no inspiremos amor, y sin embargo somos amados.

Hay un amor que **crea** valor en lo amado. Hay un amor que convierte a las muñecas de trapo en tesoros invalorables. Hay un amor que se apega a las pequeñas criaturas andrajosas por motivos que nadie jamás llega a entender y que las hace preciosas y consideradas de valor inestimable. Hay un amor que escapa a la razón. Este es el amor de Dios. Es el amor con el que Dios te ama a ti y a mí.

El amor es la razón primera por la que Dios nos creó. Los teólogos hablan del hecho de que Dios lo creó todo sin necesidad alguna, libremente. Esta idea es muy importante porque significa que Dios no nos creó porque estuviera aburrido, o porque se sintiera solo, o porque ya no tuviera más que hacer. Dios no nos creó por necesidad. Nos creó por amor.

> Dios, que no necesita nada, con su amor trae a la existencia a criaturas totalmente superfluas para poder amarlas y perfeccionarlas (C. S. Lewis).

## Tanto amor

Dios llenó el mundo con belleza y misterio, con cascadas, atardeceres, glaciares, trópicos y pastel de crema de banana. Pero dijo: «No te amo solo hasta aquí».

Dios te dio una mente, la capacidad de discernir el bien y el mal, de elegir una vida buena, pero además dijo: «No te amo solo hasta aquí».

Dios te dio a las personas. Maestros, amigos, héroes, personas con las que llegas a conocer el gozo de la intimidad y la comunidad. Pero también dijo: «No te amo solo hasta aquí».

Entonces Dios nos dio a Jesús. Jesús fue el máximo intento de Dios por hacernos saber cuánto significamos para él. Jesús fue a la cruz para pagar una deuda que no podíamos pagar nosotros. Y Dios dijo: «Ahora puedes librarte de todo lo que lamentas. Ya no habrá culpa. Toda exigencia de justicia ha sido satisfecha. Por fin ahora entiendes el lugar que ocupas en mi corazón».

Jesús fue llevado a la cruz, y dijo: «Te amo hasta aquí».

> *¡Fíjense qué gran amor nos ha dado el Padre, que se nos llame hijos de Dios! ¡Y lo somos! El mundo no nos conoce, precisamente porque no lo conoció a él (1 Juan 3:1).*

> *Pues estoy convencido de que ni la muerte ni la vida, ni los ángeles ni los demonios, ni lo presente ni lo por venir, ni los poderes, ni lo alto ni lo profundo, ni cosa alguna en toda la creación, podrá apartarnos del amor que Dios nos ha manifestado en Cristo Jesús nuestro Señor (Romanos 8:38-39).*

> *Y nosotros hemos llegado a saber y creer que Dios nos ama. Dios es amor. El que permanece en amor, permanece en Dios, y Dios en él (1 Juan 4:16).*

## Dios está enamorado de ti

En todo corazón humano existe un deseo inextinguible de llegar a ser el príncipe o la princesa de alguien. Queremos que alguien se enamore de nosotros.

La Biblia dice que así es. Los autores de las Escrituras utilizan las imágenes más extravagantes que pueda haber para convencernos de esto. El amor de Dios por nosotros es el amor de un amigo que sacrificaría su vida por la persona que ama, el amor de un padre por el hijo que se ha ido de casa, el amor de una madre que no le permite olvidar a su hijo. El amor de Dios por nosotros es más apasionado que el del corazón del más apasionado novio por su novia.

## Dios está enamorado de ti

Este grito de nuestro corazón porque alguien nos ame es solamente un débil eco del deseo que Dios siente por amarnos. Antes de que nacieras siquiera, Dios ya estaba enamorado de ti. Este es **el secreto más profundo** de tu identidad. Y no puedes ganarlo o hacer nada por merecerlo. Lo único que puedes hacer es aceptarlo con gratitud.

> *Esta es la inefable e infinita misericordia de Dios, la cual la frágil capacidad del corazón humano no puede entender, y menos todavía reproducir... la incalculable profundidad y el ardiente celo del amor de Dios hacia nosotros (Martín Lutero).*

## El amor incondicional de un padre

«Un hombre tenía dos hijos —continuó Jesús—. El menor de ellos le dijo a su padre: "Papá, dame lo que me toca de la herencia." Así que el padre repartió sus bienes entre los dos. Poco después el hijo menor juntó todo lo que tenía y se fue a un país lejano; allí vivió desenfrenadamente y derrochó su herencia.

»Cuando ya lo había gastado todo, sobrevino una gran escasez en la región, y él comenzó a pasar necesidad. Así que fue y consiguió empleo con un ciudadano de aquel país, quien lo mandó a sus campos a cuidar cerdos. Tanta hambre tenía que hubiera querido llenarse el estómago con la comida que daban a los cerdos, pero aun así nadie le daba nada. Por fin recapacitó y se dijo: "¡Cuántos jornaleros de mi padre tienen comida de sobra, y yo aquí me muero de hambre! Tengo que volver a mi padre y decirle:

Papá, he pecado contra el cielo y contra ti. Ya no merezco que se me llame tu hijo; trátame como si fuera uno de tus jornaleros." Así que emprendió el viaje y se fue a su padre.

> »Todavía estaba lejos cuando su padre lo vio y se compadeció de él; salió corriendo a su encuentro, lo abrazó y lo besó. El joven le dijo: "Papá, he pecado contra el cielo y contra ti. Ya no merezco que se me llame tu hijo." Pero el padre ordenó a sus siervos: "¡Pronto! Traigan la mejor ropa para vestirlo. Pónganle también un anillo en el dedo y sandalias en los pies. Traigan el ternero más gordo y mátenlo para celebrar un banquete. Porque este hijo mío estaba muerto, pero ahora ha **vuelto a la vida**; se había perdido, pero ya lo hemos encontrado." Así que empezaron a hacer fiesta» (Lucas 15:11-24).

Vives en la mano de Dios. El corazón de Dios está lleno de ternura y deleite cuando piensa en ti. Cuando amas a alguien y piensas en esta persona, sonríes. Así sucede con Dios cuando piensa en ti.

### Dios está enamorado de ti.

**NADA** de lo que hagas podría hacer que Dios te ame más de lo que te ama ahora, ni los grandes logros, ni la belleza, ni el reconocimiento, ni siquiera los niveles más altos de espiritualidad y obediencia.

**Y NADA** de lo que hayas hecho podría hacer que Dios te amara menor, ni los pecados, ni los defectos, ni la culpa, ni aquello que lamentes.

Lo irónico de todo esto es que pasamos la vida intentando merecer el amor que solamente podemos recibir cuando **admitimos** lo pobres que somos en espíritu.

Aprender a vivir en el amor de Dios es un desafío para toda la vida.

# Vivamos Divinamente la Vida

**Autor: John Ortberg**
ISBN: 0-8297-4441-X

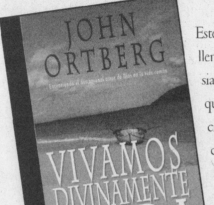

Este inspirador libro de regalo está lleno de pensamientos controversiales alentadores y humorísticos que sobrepasan la forma convencional de hablar y convierten al cristianismo en algo accesible y atractivo.

SI DESEA RECIBIR GRATIS **UNO** DE ESTOS PRODUCTOS ESCRÍBENOS A:
VIDA@ZONDERVAN.COM

31 DÍAS DE SABIDURÍA Y ADORACIÓN, INSPIRACIÓN DIARIA DE LA NVI,
EL HOMBRE RICO (DVD), PROMESAS ETERNAS PARA TI

WWW.ZONDERVAN.COM          WWW.EDITORIALVIDA.COM

La misión de Editorial Vida es proporcionar los recursos necesarios a fin de alcanzar a las personas para Jesucristo y ayudarlas a crecer en su fe.

© 2005 Editorial Vida
Miami, Florida

Publicado en inglés con el título: *Living the God Life*

Por The Zondervan Corporation
© 2004 por John Ortberg

Traducción: *Grupo Nivel Uno, Inc*

Edición: *Madeline Díaz*

Diseño interior: *Grupo Nivel Uno, Inc.*

Reservados todos los derechos

ISBN: 0-8297-4441-X

Categoría: Inspiración

Impreso en China
*Printed in China*

# Capítulo 10
## Soltero, pero no solo

*Bueno le sería al hombre no tocar mujer...*
*A los solteros y a las viudas, que bueno les sería*
*quedarse como yo... En cuanto a las vírgenes...*
*que hará bien el hombre en quedarse como está.*
1 Corintios 7:1, 8, 25-26

J. OSWALD SANDERS
*Cómo enfrentar la soledad*
Editorial Portavoz

> Al pensar en la soltería, no deberíamos dejar de lado el hecho de que Jesús y Pablo encontraron satisfacción siendo solteros. De hecho, algunos de los santos más grandes del mundo, tanto hombres como mujeres, han sido solteros.

"Vivo sola y sin embargo, nunca estoy sola. ¿Por qué debería estar sola cuando tengo a Dios?" Estas palabras fueron pronunciadas por una mujer de noventa años de edad, con salud precaria y con pocos bienes de este mundo. Ella ejemplifica el hecho de que la soltería no debe equipararse con la soledad.

Cada generación crea su propio nombre para diferentes categorías de personas. Pero a partir de la segunda mitad del siglo XX, han surgido dos categorías: Los "solos" y los "padres solteros". Por supuesto que siempre han estado con nosotros, pero nunca en las proporciones que han alcanzado en la actualidad. Ya sea por elección o por fuerza de las circunstancias, una cantidad creciente de personas están viviendo solas.

El predominio del divorcio y la aceptación de la homosexualidad como un estilo de vida alternativo se han agregado dramáticamente a la cantidad de solteros. Tan importante es este cambio en nuestra cultura que ha perturbado a toda la estructura social y ha creado la necesidad de cambios importantes en la legislación.

El surgimiento de una sociedad de alta tecnología y las presiones de las necesidades financieras han influido en más mujeres a concentrarse en sus carreras, en lugar de en el hogar y en la familia como lo era antes. La riqueza comparativa de la que se goza en muchos países occidentales suele alentar el crecimiento del estilo de vida de soltería.

Un informe afirma que la cantidad de ciudadanos estadounidenses que viven solos aumentó en un 385 por ciento entre los años 1971-81. El resultado es que la cantidad de niños que viven con el padre o la madre también ha crecido mucho. Casi una persona de cada tres vive sola. Una tendencia comparativa, si bien hasta un alcance bastante menor, se está dando en otros países desarrollados.

La mujer soltera es especialmente propensa a sufrir de una soledad aguda al ver a los de su grupo casarse y establecer hogares y familias propias. Muchas ansían profundamente el cumplimiento de su capacidad dada por Dios de la maternidad. En un mundo que se inclina en gran medida por el matrimonio, ella se siente tentada a sentirse como alguien que no encaja. Pero nuestra sociedad se está adaptando a esa situación.

### La soltería y las misiones

Al pensar en la soltería, no deberíamos dejar de lado el hecho de que Jesús y Pablo encontraron satisfacción siendo solteros. De hecho, algunos de los santos más grandes del mundo, tanto hombres como mujeres, han sido solteros.

Los campos de misión del mundo estarían enormemente desechos si no fuera por la magnífica contribución de las mujeres solteras, una contribución que afortunadamente continúa.

Un ejemplo notable de la forma en que un grupo de mujeres solteras encontró satisfacción al no estar casadas ocurrió en el interior de China. Hudson Taylor, fundador de la *China Inland Mision* (ahora llamada *Overseas Missionary Fellowship*) fue un pionero en las áreas de trabajo misionero. Él fue el que primero alentó a laicos a que emprendieran el trabajo misionero. También fue el que primero hizo participar a mujeres solteras como pioneras en nuevas zonas de China. En 1885 la misión abrió centros en el populoso río Kwang Sin, y puesto que no había hombres disponibles para la tarea, el trabajo lo realizaron por completo mujeres solteras.

Treinta y dos años después hubo una cadena completa de diez estaciones centrales, sesenta estaciones externas, más de dos mil miembros de la iglesia y muchas más personas interesadas en asuntos espirituales. Estas y otras mujeres solteras que se unieron a ellas eran aún las únicas misioneras extranjeras junto a los pastores nacionales a los que habían capacitado. Nadie pudiera decir que no encontraron satisfacción, aunque eran solteras.

## El punto de vista de Pablo

En su clásico tratamiento del tema de los no casados o los viudos, Pablo repitió tres veces la afirmación de que "es bueno ser [o permanecer] no casados". Estas son sus declaraciones:

> *Bueno* le sería al hombre no tocar mujer... Digo, pues, a los solteros y a las viudas que *bueno* les sería quedarse como yo... En cuanto a las vírgenes no tengo mandamiento del Señor; mas doy mi parecer... *Tengo, pues, esto por bueno debido a la necesidad que apremia;* que hará *bien* el hombre en quedarse como está... ¿Estás libre de mujer? No procures casarte (1 Co. 7:1, 8, 25-27, cursivas añadidas).

En los primeros dos versículos, Pablo deja en claro que está escribiendo por mandamiento del Señor. En el tercer pasaje afirma que es una expresión de su criterio santificado respecto de la sabiduría de casarse, en vista de la crítica situación política del momento. En otras palabras, no está indicando una prohibición universal para todos los tiempos.

Pablo no indica la naturaleza de la crisis, pero en esos días turbulentos en el Imperio Romano, las crisis eran comunes. Al parecer consideraba la crisis existente tan grave que creía que el curso más sabio para los no casados sería permanecer solteros hasta que se resolviera la crisis.

## La enseñanza de Cristo

Nuestro Señor también hizo una importante pronunciación sobre el tema, que da seguridad de que la soltería puede ser honorable y digna de alabanza.

> Pues hay eunucos que nacieron así del vientre de su madre, y hay eunucos que son hechos eunucos por los hombres, y hay eunucos que a sí mismos se hicieron eunucos por causa del reino de los cielos. El que sea capaz de recibir esto, que lo reciba (Mt. 19:12).

La implicación es llana. Están los que son tan disciplinados y tan motivados que eligen la soltería para darle un servicio sin distracción al Señor y a sus congéneres.

Jesús no dijo que esto fuera obligatorio, sino optativo. No todos pueden ascender a un estilo de vida tan disciplinado. Pero debemos reconocer que la iglesia y el mundo le deben mucho a los que han elegido deliberadamente este curso de sacrificio.

Entonces, a partir de las enseñanzas tanto de Cristo como de Pablo, aprendemos que ninguno consideró al estado de soltería como el segundo mejor. Ni que las personas solteras deben considerarse de algún modo inferiores o sin privilegios. Pablo reforzó esta visión cuando escribió:

Quisiera más bien que todos los hombres fuesen como yo; pero cada uno tiene su propio don de Dios, uno a la verdad de un modo [el don de estar casado], y otro de otro [el don de ser soltero] (1 Co. 7:7).

Sin embargo, no todas las personas solteras pueden considerar su estado bajo esa luz. No es poco natural que ellos comparen su parte con la de sus contemporáneos que, después del trabajo, regresan a un hogar que les da la bienvenida y a su familia, y no a un apartamento vacío.

A veces las circunstancias hacen que sea poco aconsejable o imposible casarse. Para otros la oportunidad del matrimonio no se ha cruzado por su camino; o una relación prometedora no se ha concretado. En tales casos, el desgastado dicho se aplica como cierto: "En la aceptación reside la paz".

En una ocasión escuché a una misionera soltera de un poco más de treinta años dar su testimonio antes de partir para su segunda término. Habló con franqueza de su deseo de un compañero para la vida y admitió qué lucha había sido para ella enfrentar la continua soledad de una vida de soltería en el campo misionero.

Cuando llegó el momento del permiso, decidió que debía enfrentar realistamente el tema de una vez por todas. Se dijo a sí misma: "Bueno, parece que estás olvidada, nadie parece morirse por casarse contigo, a pesar de tus oraciones. Pudieras aceptar eso como concluyente y seguir con tu tarea".

Una vez que finalmente enfrentó y aceptó el hecho de su soltería como la buena y perfecta voluntad de Dios para ella, el problema cedió y su corazón estuvo en paz. Testificó que se iba a casa llena de gozo y paz, aunque estaba permanentemente "olvidada".

Pero ese no fue el fin de la historia. Poco después de su regreso al campo, para su gozo y sorpresa, descubrió que alguien "se moría por casarse con ella". Hoy día ella y su esposo están realizando un aporte valioso al reino de Dios en Asia.

Las cosas no siempre terminan tan felizmente, pero advierta que una vez que ella hubo aceptado el hecho de su soltería, en lugar de rebelarse y luchar contra ella, la paloma de la paz alivianó su corazón. Pero incluso si no le hubiera llegado alguna oferta de matrimonio, la paz de Dios habría suplantado la antigua soledad y hubiera demostrado la verdad de Romanos 12:2 que la voluntad de Dios es "buena, agradable y perfecta". Hubiera podido cantar con Tersteegen:

> Tu dulce, amada voluntad de Dios,
> Mi ancla a la tierra, mi colina del fuerte,
> La morada silenciosa y justa de mi espíritu,
> En ti me oculto y me quedo quieto.
>
> Por la voluntad de Dios me conduciré,
> Como un niño en el pecho de su madre;
> Ningún sillón de seda, ni la cama más suave
> Podría jamás darme ese descanso profundo.
>
> Tu maravillosa, grande voluntad, mi Dios,
> Con triunfo la hago ahora mía,
> Y la fe clamará un gozoso: ¡Sí!
> Ante cada amado mandamiento tuyo.

### Las ventajas de la soltería

Con tantos matrimonios que terminan en divorcio, la soledad que sumerge a las partes de este matrimonio roto probablemente sea más aguda que la de la persona no casada. Para el divorciado hay además una hueste de factores que complican, especialmente cuando hay niños involucrados. La dicha solitaria puede ser preferible a la desdicha matrimonial.

En el pasado, las personas por lo general pensaban y enseñaban que el estado matrimonial era el ideal de Dios para los hombres y las mujeres. No caben dudas de que es el estado normal, pero en nuestro mundo contemporáneo este ideal no puede concretarse porque estadísticamente no hay suficientes hombres. Inevitablemente algunas mujeres deben permanecer solteras.

Si el estado de soltería es la voluntad de Dios para algunos, tanto hombres como mujeres, aunque se pudiera preferir el matrimonio, de todos modos esa voluntad es "buena, agradable y perfecta" (Ro. 12:2). Lo inverso también es cierto: Cualquier cosa que no sea la voluntad de Dios es mala, desagradable e imperfecta. Por ende, puesto que su voluntad es aceptable, deberá ser aceptada, adaptada a y ornamentada.

Felipe el evangelista fue bendecido con cuatro hijas solteras (Hch. 21: 8-9). Su soltería no evitó que sirvieran como profetizas y que ejercieran un ministerio fructífero y satisfactorio. Fueron muy estimadas en la iglesia primitiva. De hecho, al escribir sobre ellas, Eusebio, uno de los padres de la iglesia, las describió como "luminarias poderosas en la iglesia primitiva".

Esto por cierto debería alentar a otras mujeres solteras que no están seguras de su condición en la obra cristiana. El ministerio de las hijas de Felipe fue mucho más que servirles tazas de té a los hombres. Y a lo largo de los siglos, mujeres solteras devotas han tenido un ministerio similarmente invalorable. El servicio de Henrietta Mears de California, por ejemplo, fue un factor predominante en las vidas de más de cien de los grandes líderes cristianos de Estados Unidos, como Bill Bright y Howard Hendricks.

Una mujer soltera es libre de establecer vínculos estrechos con otras personas solteras de todas las edades, así como también con familias. Tiene un alcance abundante para sus instintos de construcción de un hogar y para ejercer sus gustos estéticos. Puede extender una hospitalidad imaginativa a los solos y a los sin techo. Si tiene su propio hogar, puede usarlo en los intereses del reino.

Si bien no tienen hijos propios, las mujeres solteras tienen amor para dar y pueden derrochar su afecto sobre los hijos de otras personas. Y cuando se da afecto, generalmente se lo recibe de manera recíproca.

Una misionera que se acercaba a su cumpleaños número setenta me dijo una vez:

—¿Sabes cuál será una de las primeras preguntas que le haré al Señor cuando llegue al cielo?

—No respondí.

—Le voy a preguntar por qué no me dio un esposo. Quería mucho tener un esposo, ¡y hubiera sido una buena esposa!

Si bien nunca recibió la respuesta aquí, la negación de Dios no la amargó ni la hizo sentirse resentida y amargada. En cambio, ella vertió la riqueza de afecto que hubiera prodigado a su esposo y a su familia en las vidas de miles de niños en China y Gran Bretaña, porque el Señor le dio un ministerio singular para los niños.

Cuando murió hace unos pocos años, no hubo duda de que había cientos del otro lado esperando darle la bienvenida. Encontró su descanso al aceptar la seguridad del Señor: "Lo que yo hago, tú no lo comprendes ahora; mas lo entenderás después" (Jn. 13:7).

Así que la soltería puede ser activada para Dios y convertirla en espiritualmente productiva. Recuerde la novena beatitud: "Más bienaventurado es dar que recibir" (Hch. 20:35). Allí reside el secreto para vencer la soledad cuando uno es soltero.

## Pasos positivos para el alivio de la soledad

Todo lo que es verdadero, todo lo honesto, todo lo justo, todo lo puro, todo lo amable, todo lo que es de buen nombre; si hay virtud alguna, si algo digno de alabanza, en esto pensad.

*Filipenses 4:8*

Una vez que se ha tomado la decisión mental inicial de ser el que trata de comenzar nuevas relaciones, deben seguirse pasos prácticos positivos para apoyar e implementar esa decisión. Es muy fácil rendirse a la inercia cuando la motivación es débil. Y es usted el que debe proporcionar la motivación. Ya se han sugerido varios pasos posibles, pero siguen otros.

## Vaya tras una diversión adecuada

La persona que tiene un pasatiempo en el cual respaldarse es por cierto afortunada. Algunos consejeros llegan a afirmar que nadie es realmente feliz ni se siente seguro sin un pasatiempo, y que cuál es el interés externo que esa persona adopta no tiene mucha importancia.

Esa afirmación probablemente sea demasiado vasta, pero tiene mucho de verdad. Los que no han cultivado algún interés fuera de su trabajo normal están entre los que son personas muy infelices cuando se jubilan. Sin el interés de su vocación acostumbrada se aburren, se sienten solos y se lamentan de sí mismos. Pero nunca es demasiado tarde para buscar un pasatiempo agradable.

Personalmente he encontrado que la jardinería es el pasatiempo más absorbente, refrescante y hasta alentador. Pocas ocupaciones pueden llenar las horas de soledad de manera tan magnífica. Crear belleza que da tanto placer como rédito para uno mismo y los demás es una de las cosas que más genera delicia y es fructífera.

Uno de los beneficios de la jardinería como pasatiempo es que tiene una forma que se adapta a las personas de todas las edades y de cualquier condición de salud. Puede realizarse en el exterior o en el interior y en cualquier momento. Incluso los inválidos pueden obtener gran gozo de la jardinería interior.

Para los que están bendecidos con buena salud, hay muchos juegos exteriores disponibles tanto para hombres como para mujeres, en cualquier etapa de la vida. Aparte del gozo del juego en sí, la participación hace que uno esté en contacto estrecho y amistoso con otros en una atmósfera relajada.

Otra terapia muy útil, y que puede realizarse estando solo, es caminar. Estimula el sistema respiratorio, purifica la sangre, hace que uno se sienta más vivo y más capaz de enfrentar las exigencias de la vida. Además, hace que uno salga de la casa y vaya al mundo maravilloso de la naturaleza de Dios. En países en que los inviernos son crudos, muchas personas mayores han descubierto que caminar bajo techo en un centro comercial es un ejercicio sano y refrescante para la mente.

Para los que se inclinan por la música, hay una gran variedad de música que se adapta a todo gusto. En América del Norte especialmente, hay estaciones que se especializan en música cristiana en diferentes niveles. La buena música levanta el ánimo y satisface nuestras necesidades estéticas.

Para los que están adecuadamente calificados, unirse a un coro, a una orquesta o grupo de canto sería, en sí, una experiencia satisfactoria. Además, es un medio excelente para establecer relación con personas de gustos similares.

Algunos con tendencia escolástica han encontrado alivio y satisfacción al anotarse en una carrera universitaria u otro curso de estudio que no pudieron realizar anteriormente en sus vidas. Muchas mujeres están adoptando este camino cuando sus hijos abandonan el hogar.

En el amplio campo del arte, hay muchas opciones abiertas para los que quieren emprender la aventura. Mi esposa descubrió en los últimos años de su vida que tenía un don inusual en el área de la pintura que no había utilizado nunca antes. Muchos de nosotros hemos descubierto talentos que esperaban liberarse. Además de la pintura, otras opciones son cerámica, pintura de vajilla, tejido, trabajos en madera, todas las formas de tareas que usen la imaginación, y muchas otras.

Si uno tiene la habilidad requerida y la capacidad de enseñar, una clase sobre algún tema práctico pudiera iniciarse para gente más joven que está desempleada, o que de otro modo vagaría por las calles. Un amigo convirtió su garaje en un taller de trabajos en madera donde instruye a hombres jóvenes en tornería y otros trabajos similares. En el proceso, puede animarlos a recibir a Cristo.

En ciudades donde hay una mezcla étnica, hay muchas oportunidades para un ministerio útil para los inmigrantes o los alumnos extranjeros. Dos amigos míos usaron su hogar y su tiempo libre para enseñarles inglés. Como resultado de su amistad e interés, nacieron una iglesia coreana y una china en este hogar y ahora funcionan de manera independiente.

Es posible tener comunión con las grandes mentes de todas las épocas y en toda esfera a través de la lectura de buena literatura. La variedad de literatura disponible en nuestras bibliotecas es casi ilimitada. Libros serios y de humor, livianos y pesados, educativos y divertidos, religiosos y seculares, están disponibles a bajo costo.

Incluso si uno no ha tenido mucho tiempo ni gusto por la lectura en el pasado, nunca existirá un mejor momento para cultivar ese hábito que ahora. Cuando se desvanecen los poderes físicos, uno aún puede leer. Comience con libros que lo atrapen y mantengan su interés. Luego, cuando se ha formado el hábito de la lectura, pase a temas más profundos y más serios. Se ha descubierto que las amas de casa que practican la lectura se sienten menos solas que sus pares que están buscando algo que hacer.

Si las condiciones de vida son favorables, muchas personas solas han encontrado gran consuelo al tener una mascota, al tener a alguien a quien amar y recibir a cambio cierto afecto. La obvia bienvenida de una mascota cuando uno regresa a su casa o apartamento vacío ayuda a borrar la soledad.

## Piense de manera positiva

Nosotros elegimos de qué se alimenta nuestra mente, y lo que leemos inconscientemente moldea nuestros patrones de pensamiento. Si llenamos nuestra mente con pensamientos negativos, el resultado es predecible. Podemos programar nuestra computadora mental con pensamientos que inducen a la soledad o con pensamientos que la borran. Esto queda a nuestra opción.

Al visitar Hong Kong, un predicador se sintió intrigado por una tienda en la que se hacían tatuajes. En la vidriera advirtió una cantidad de lemas que se sugerían para elegir. Entre ellos estaba: "Nacido para fracasar".

"Pero por cierto nadie elegiría ese lema, ¿no es cierto?", le preguntó al tatuador chino.

"Sí, lo hacen", fue la respuesta.

"¿Pero por qué lo eligen?"

La esclarecedora respuesta fue: "Antes de hacerse un tatuaje en el pecho, se hacen un tatuaje en la mente".

Inconscientemente, estaba dando su versión de la enunciación bíblica: "Por cual es su pensamiento en su corazón, tal él es" (Pr. 23:7).

Pablo da una receta para el tipo de pensamientos con los que debemos alimentar nuestra mente:

> Todo lo que es verdadero, todo lo honesto, todo lo justo, todo lo puro, todo lo amable, todo lo que es de buen nombre; *si hay virtud alguna, si algo digno de alabanza, en esto pensad* (Fil. 4:8, cursivas añadidas).

Ya que se nos ordena pensar en estas cosas, lo que sigue es nuestro poder de controlar nuestros pensamientos y concentrarlos en conceptos positivos y placenteros. Ellos excluyen automáticamente los opuestos.

Elegimos los pensamientos sobre los que vamos a meditar, ya que es nuestra voluntad la que controla los procesos mentales. Una voluntad firmemente aferrada a Dios puede dar vuelta a los procesos intelectuales para pensar en cosas santas.

Los mejores pensamientos para tener son los pensamientos de Dios. Así, la lectura y la meditación periódicas sobre la verdad bíblica son una de las mejores maneras de excluir pensamientos que crean o alimentan la soledad.

Título del original: Facing Loneliness, © 1990 publicado por Discovery House Publishers, en acuerdo con Highland Books (Crowborough, East Sussex, Gran Bretaña), Grand Rapids, Michigan 49512.

Edición en castellano: *Cómo enfrentar la soledad*, © 2005 por Discovery House Publishers y publicado por Editorial Portavoz, filial de Kregel Publications, Grand Rapids, Michigan 49501. Todos los derechos reservados.

Ninguna parte de esta publicación podrá reproducirse de cualquier forma sin permiso escrito previo de los editores, con la excepción de citas breves en revistas o reseñas.

A menos que se indique lo contrario, todas las citas bíblicas han sido tomadas de la versión Reina-Valera 1960, © Sociedades Bíblicas Unidas. Todos los derechos reservados.

EDITORIAL PORTAVOZ
P.O. Box 2607
Grand Rapids, Michigan 49501 USA

Visítenos en: www.portavoz.com

ISBN 0-8254-1669-8
1 2 3 4 5 edición / año 09 08 07 06 05
Impreso en los Estados Unidos de América
Printed in the United States of America

## Secretos para una vida abundante

# Secretos para una vida abundante

# Secretos para una vida abundante

# Secretos para una vida abundante

# Secretos para una vida abundante

# Secretos para una vida abundante

# Secretos para una vida abundante

# Secretos para una vida abundante

# Secretos para una vida abundante

# Secretos para una vida abundante

# Secretos para una vida abundante

# Secretos para una vida abundante

# Secretos para una vida abundante

# Secretos para una vida abundante

# Secretos para una vida abundante

# Secretos para una vida abundante

# Secretos para una vida abundante

# Secretos para una vida abundante